SHODENSHA SHINSHO

禁断の説得術　応酬話法

——「ノー」と言わせないテクニック

村西とおる

JN184210

祥伝社新書

はじめに――これがなければ死んでおりました

二五年ほど前のことです。倒産して借金を背負いました。五〇億円の債務です。倒産前の最盛期には、年商一〇〇億円のAV（アダルトビデオ）メーカーを経営しておりました。倒産しても、五〇億円の借金ぐらい「ひとまくり」で返済できると高《たか》を括《くく》っておりました。

しかし、現実は厳しいものでした。倒産すると、人間関係が崩壊しました。それまで親しくしていた人間が、誰も近寄ってこなくなってしまったのです。

「監督を尊敬しています、一生ついていきます」と言っていたスタッフは、居場所を告げずに行方《ゆくえ》知れずとなってしまいました。倒産する前はお金の貸し借りをしていた知人の経営者を訪ねると、「二度と顔を見せないでほしい」と門前払いをされました。

生活費に事《こと》欠くほど貧窮し、取引があったビデオ編集会社の社長を訪ねました。「一万円ほどの交通費を貸してほしい」と頼み込むと「今度は寸借詐欺師《さぎし》になって生きていくつもりか」と蔑《さげす》みの言葉を浴びせられたのです。編集作業の忙しい時期には、月に七〇〇万円もの編集代金を支払っていた会社なのに。

かくのごとき掌返《てのひらがえ》しを受けたのは、すべて私自身の人徳のなさから来ていました。自業自得の報《むく》い、を受けたのです。

そんなニッチもサッチもいかないほど追い詰められていた時でした。五〇〇〇万円を借りていた知人の男（不動産経営者）から「会いたい」と連絡があったのです。

倒産後、何度も彼から「貸していた金を返せ」と催促を受けていました。全盛期の私を知る彼は、倒産しても自分の貸した五〇〇〇万円ぐらい、どこかから工面《くめん》してくる余裕がある、と思い込んでいたようです。その執拗《しつよう》に催促してくる言葉の端々《はしばし》に、あれほどの派手な生活をしていたのだから倒産したといってもどこかにこっそりと四、五億の金を隠しているに違いない、と疑っている節《ふし》がうかがえます。

いつになく強引に「会いたい」と迫ってくる彼と、夕暮れ時の渋谷《しぶや》駅前で待ち合わせをしました。

彼は流行のファッションに身を包み、ブランド物のサングラスをかけ、車でやって来ました。「乗って」と促《うなが》されるまま、彼が運転する車の助手席に乗り込みます。車はそのままスピードを上げて高速道路を突っ走り、関越《かんえつ》自動車道の高崎《たかさき》インターチェンジで降りたのです。

そこから一般道を経《へ》て、山道を走り続けました。その間、彼はほとんど口を開くことがありませんでした。その異様な雰囲気に呑《の》まれ、私もただ黙ったまま助手席に体を沈めていました。

二時間ほど走り続けた頃、車が停まり、彼がドアを開けて外に出ました。私もつられるように外に出ます。暗い闇の向こうから、ザーッという水の音が不気味に聞こえていました。見渡せば、そこはダムでした。

「監督、あんたに貸したお金は、もう返してもらわなくていいよ。俺はあきらめた。その代わりに、ここから飛び降りてよ」と男が言うのです。物言いは優しいものでしたが、眼光は鋭《するど》く獲物を射《い》るようで、覚悟が見て取れました。

立っていたダムの上から薄明《うすあ》かりの街灯に照らされた下を見ると、はるかかなたに放水口のコンクリートの壁が見えます。確実に一〇〇メートルはあると思われる落差です。飛び降りたら命を落とすのは間違いありません。恐怖で体が震《ふる》えました。

しかし、いかに五〇〇〇万円の借金のカタといえども、ここで命を差し出すわけにはいきません。

男の背後には、乗ってきた車が見えます。その時、なぜ彼がこの場所を選んだのか、理解しました。彼は、狩猟を趣味にしていました。公園で愛犬の猟犬を散歩させている姿を目撃したことがあります。この山奥のダムは、彼の趣味である狩猟に来る、通い慣れた場所なのでした。私は、車のトランクのなかには愛用している猟銃が納められている、と確信しました。

いざとなったら立ち向かって闘い抜くつもりでしたが、その前にやることが残っていました。男を説得すること、です。それから必死になって、男の要求「飛び降りてくれ」を撤回するよう説得に努めたのです。気がつけば土下座をしていました。

「私は瘦《や》せても枯れても、年商一〇〇億円の企業を経営し、『AVの帝王』と呼ばれた男です。生かしておいてくれさえすれば、借用した五〇〇〇万円どころか倍の一億、いや一〇倍にして必ず返済してみせます。どうか、この私を信じてチャンスをください。ここで私を殺してしまっては元も子もなくなります。

無一文になって一敗地に塗《まみ》れた人間が、はたして本当に再起できるかをその目で確かめることができるのは、五〇〇〇万円以上に価値のあることだと思いませんか。もし約束をはたせなかったら、今度は逆に、私がMさん（男の名前）を車に乗せてこのダムに来ます。そしてお望み通り、柵の上から飛び込んでみせます」

そして、こう付け加えました。

「信じていた人間に裏切られた悔しい気持ちは、痛いほどわかります。五〇〇〇万円もの金を貸したままだまされたなら、私だったら包丁を持って刺し違えているでしょう。私への憎《にく》しみは当然のことです。

ここまで来て『飛び降りろ』と言わなければならない気持ちを思うと言葉がありません。情けをかけてお金を貸したばかりに、いたたまれない気持ちであるはずです。

でも、私が本当にここから飛び降りて死んだら、優しいMさんの気持ちは傷つき、生涯消えることなく自分を責めることになるのではないでしょうか。借りたお金を返せないわ、そのうえ、一生拭《ぬぐ》い去ることのできない罪の意識で苦しませることになるわ、となっては、申し訳なさすぎて私は死んでも死にきれない思いです」

私は切々《せつせつ》と訴えました。

一時間近くが過ぎた頃と思われます。男は唐突に「帰ろう」とポツリと呟《つぶや》いたのです。土下座をしながら見上げた彼の顔は、憑《つ》き物《もの》が落ちたような表情でした。それは、はじめて出会った頃の、好人物のそれでした。

助かった――。ホッとしながらも今さらながらに、男を追い詰めた自分の不徳を恥じたのです。東京までの帰途の車中では、倒産する以前の親しい会話が二人に戻りました。私の撮影時の失敗のエピソードを聞きながら、男は楽しげに笑顔を見せ、声を出して笑いました。

それから一年ほどして、無事約束通りに五〇〇〇万円を返済することができました。「金利は後日払う」と言う私に、男は「もうこれで十分だから」と答えたのです。

人生には誰しも「あの時」という瞬間があります。私にとって彼とのダムでの出来事は、まさしく「あの時」でした。あの時の危機を脱することができたのに、飛び降りたくない一心で相手に訴えた「応酬話法」の力によるものです。

本書はビジネス、趣味、恋愛など、あらゆる場面の人間関係で必要とされる、他人を説得する技術について、私が実体験から導き出した「解」を読者の皆さまにお伝えするために書きました。

私の倒《こ》けつ転《まろ》びつの人生で、ようやく得た答えを、この機会に読者のあなたにお届けすることができる喜びを表わす言葉を知りません。たった一言申し上げるならば、「ナイスですね」でございます。

二〇一八年二月

村西《むらにし》とおる

目次

第一章　質問話法——質問によって本音《ほんね》を炙《あぶ》り出す

第二章 間接否定話法——最初に肯定してから、ソフトに否定していく

第三章 繰り返し話法——相手の言葉を繰り返して、悪感情を緩和する

第五章 聞き流し話法――論争を避《さ》け、自分のペースに持ち込む

第六章 大失敗

終章　自分を識《し》る

本文デザイン——盛川和洋

序章

応酬話法とは何か

す。

セールスマンを選んだ理由

応酬話法に目覚《めざ》めたのは二一歳の時に就《つ》いた、英語の百科事典のセールスマン時代です。

一九六七年、私は福島県立勿来《なこそ》工業高校を卒業、上京しました。学歴も閨閥《けいばつ》も、さしたる資格もない身では働くことのできる職種は限られていました。生きるために、と寮のある池袋《いけぶくろ》の洋酒バー「どん底」に勤めました。水商売です。

二一歳の時に結婚、子どもが生まれました。水商売は生活が不安定ですから、家族と自分の将来のために、転職の決意をしました。選んだのは、英語の百科事典『エンサイクロペディア』のセールスマンです。

新聞の募集広告を見ていたら、「学歴、前歴の職業を問わず」と採用条件が記載されていました。ここなら高卒の自分でも雇ってもらえるかもしれない、と履歴書を書き、新《しん》宿《じゆく》の角筈《つのはず》（現在の西新宿）にあったグロリア・インターナショナル日本支社に面接に行ったのです。面接官は男性二人組でした。

「わが社は実力主義のアメリカの会社です。やる気さえあれば、収入はいくらでも可能です。がんばってください」との励ましの言葉を賜《たまわ》り、その場で採用していただきました。

条件はフル・コミッションの能率給で固定給はいっさい支給されない、というものでした。また、アメリカ資本の会社らしく週給制で、前の週のセールス結果の報酬が、翌週末に銀行振り込みで支払われることを教えられました。手元不如意《ふにょい》の状態でしたので、翌週末には給料がもらえると聞いてホッとしたのを覚えています。

もし売れなかった時は無収入となるシステムでしたが「一生懸命やれば必ず売れます」との言葉に元気づけられました。

ただし、セールスキットは有料で、八〇〇〇円で買わなければなりませんでした。退職金もない水商売をやめたばかりで痛い出費でしたが、仕事に必要なものであればしかたありません。その場でセールスキットを購入して家路につきました。

手元には数千円しか残っていませんでした。これからの生活を考えると、不安に襲われましたが「ここまできたら突き進むしかない」と、この期《ご》に及んでまだ躊躇《ちゅうちょ》する自分を、夜空を仰《あお》いで叱咤《しった》し、奮《ふる》い立たせたのです。

数日後、新宿駅前のビルの七階にあった会社に、講習を受けに行きました。私以外に、二〇人ほどの新入社員の姿がありました。

講習会では、日本人社長から「セールスとは何か」についての講話がありました。特にこれからの国際化時代において、日本人のビジネスマンが英語を学ぶ必要性を徹底して説かれたのです。印象に残ったのは、「エンサイクロペディア」とはギリシャ語で「知恵の輪」であると教えられたことでした。

たった一日の講習会を経て、翌日にはチームに配属されました。上司はOさんという、私より一〇歳上の係長で、明治学院大学出身。同じチームには京都大学、早稲田大学、専修大学を卒業した二十代のセールスマンが三人所属していました。

英語の百科事典（日本語訳のない英英事典）を売る仕事ですから、高学歴は当然です。その時、高卒の自分が身のほど知らずな仕事を選んだことを後悔しましたが、セールスキットをなけなしの八〇〇〇円で購入してしまっていた手前、後戻りはできないと覚悟しました。

無口な少年時代

Oさんから、営業方法と契約書の書き方について一時間ほどレクチャーを受けました。終わるとチームは揃って電車に乗り、蒲田《かまた》駅で降りました。

キャッチセールスが始まると、Oさんや先輩たちは次々と声をかけ、商談の場所である近くの喫茶店に、お客さまと消えていきます。しかし、私は見知らぬ通行人に声をかけることができません。

なぜなら、私は母親から「男は三年に片頰《かたほほ》」と教えられてきたからです。男の子は無口が好ましい、女の子のようにペラペラと話すべきではない、不愛想であることが男の象徴で三年に一度笑うくらいでいい、それも片頰で——と。

家庭でも無口が求められました。そのせいか、少年時代は空想をして遊ぶことが好きでした。雨の日の日曜日などは、一人で家にこもって空想の世界で戦争ごっこをして遊びながら「ブツブツ」と独り言を口走っていたものです。

それを見た母親が「何だ、おめえは。一人で何だかわからないことをくっちゃべって、気持ち悪い子どもだこと」と叱《しか》られました。独り言もままならない、失語症のような少年時代を過ごしたのです。

やがて水商売に入りバーテンダーとなり、失語症はすこし改善しました。バーテンダーはお客さまの話を聞くことが主で、自分から話すことはあまりなかったために、すこし改善する程度で十分だったのです。

しかし、セールスでは一転して饒舌《じょうぜつ》に話すことを求められます。それも、見ず知らずの今会ったばかりの通行人に対して。さらに商品説明をするなど、自分にはとてもできない、このままやめて家へ帰ろう、と思い詰めていました。この仕事はあきらめて、他に働く場所を探すしかない、と。

初夏に三時間立ちっぱなしだったため、喉《のど》はカラカラに渇《かわ》いていました。当時は光化学スモッグ情報が発令されるほど、東京の空は、工場や車から出る排煙で一日中曇っていました。外に出ているだけで白いワイシャツの襟《えり》が真っ黒になるほど、空気が汚れていたのです。信じられないでしょうが、銀座《ぎんざ》の交差点ではガスマスクを装着した警察官が交通整理をしていました。

流れる額《ひたい》の汗をハンカチで拭うと、白い木綿のハンカチが薄黒く汚れました。上司の

Oさんにやめることを伝えてこの場を立ち去るか、それとも黙ってこの場から逃げ去るか、どちらを選択しようかと迷っている時でした。

はじめて声をかける

Oさんが来たのです。彼はすでに二人のお客さまを喫茶店に誘うことに成功しています。そのうち一人からは契約をもらった、と鼻高々《たかだか》でした。そして「ほら、向こうから来る背広を着た背の高い男性に声をかけて」と指示をされました。実は、Oさんからはすでに一〇回以上、こうした指示を受けていました。しかし、いくら促されても足がすくんで前に出ないのです。

その時でした。「行けったら行くんだよ」と罵声が飛び、私をうしろから革靴で蹴り上げたのです。セールスマンになった私のために、女房がなけなしの金をはたいて新調してくれたスーツです。蹴られたところを見ると、くっきりと靴跡がズボンについていました。私は何ということをするんだ、と逆上しました。しかし、Oさんは手加減することなく、こちらに歩いて来たターゲットの男性の前に、私の背中を押したのです。

背の高い三十代ビジネスマンと思《おぼ》しき男性は、突然目の前に現われた私を見て、たじろぎを見せました。しかし、ここに至ってはしかたがありません。目を閉じて、Oさんに教わった言葉を放ちました。

「すみません、お忙しいところ失礼いたします」

「何でしょうか」

「私は、このたびアメリカから日本にまいりました出版社グロリア・インターナショナルの者です。ひとつご質問させていただいてよろしいでしょうか」

「いいですよ」

「英会話の必要性をお感じになられますか」

「話せたらいいですね」

「もしあなたさまが一日一五分、三カ月間お勉強されて、英語で啖呵《たんか》を切れるような能力を身につけることができたら、すばらしいと思われませんか」

「いいですね」

「わかりました。そんなあなたさまのために、私たちはとっておきのプログラムをご用意しました。一〇分で結構です。話を聞いてください」

男性は見るからに人の好《よ》さそうな方で、「いいですよ」と応じてくれたのです。

「こちらの場所をお借りして、ただいま説明会を行なっています」と、Oさんをはじめとするチームの仲間が利用している喫茶店に入り、テーブルを挟《はさ》んで背の高い男性と向かい合いました。

「それでは、早速ご説明をさせていただきます」と、テーブルの上にバインダーを開き、説明を始めます。必死でした。何をどう話しているか、自分でさっぱりわからないままにセールスキットのバインダーの順番を追って、説明を続けます。途中でウエイトレスが注文を取りに来ましたが、頼んだコーヒーを口につける余裕もなく、ただ懸命に話し続けました。

男性は真剣に耳を傾《かたむ》け、ところどころでは大きくうなずいてくれます。バインダーを使っての商品説明を終えると、契約書を差し出しました。「是非この機会に、このすばらしいエンサイクロペディアをご自分のものになさってください」と頭を下げました。

すると、男性は「はい、わかりました」と契約書の上に置いたボールペンを手に取り、スラスラと自分の名前と住所、会社名を書き始めたのです。

信じられない気持ちでした。私のシドロモドロで拙《つたな》い説明を聞いて契約書にサインしてくれる人間がいるとは！　まるで、狐《きつね》につままれたような気分です。しかし、現実に目の前の男性は契約書にサインをし、契約金として三〇〇〇円を支払ってくださったのです。

契約書に記された年齢は三〇歳、勤務先欄に「日立《ひたち》製作所」と書かれていたことを、五〇年近く経った今でもはっきり覚えています。彼は「いいお話をお聞きしました。ありがとう」と言って、立ち去りました。礼儀正しい紳士でした。

別のテーブルから、こちらを窺《うかが》っていたOさんが「おめでとう」と握手を求めてきました。「はじめての日から契約を取れるなんてすごいよ。君は才能があるぞ」と、わが事《こと》のように喜んでくださいました。

ようやく契約を取れたことで、私は胸を撫《な》でおろしました。生まれたばかりの幼子《おさなご》と女房の姿が目に浮かびました。

自分の確率論を知る

英語の百科事典エンサイクロペディアは全三〇巻、さらに英会話教材がついており、一セットの販売代金は二〇万円（現在の貨幣価値で一〇〇万円以上）。セールスマンは、一セット売るごとに一万八〇〇〇円のコミッションがもらえます。

私が初日に契約を取れたのは「ビギナーズラック」でしたが、その後も幸運が続き、一週間で合計五本の契約を取りました。他のセールスマンたちは週に一、二本の契約で満足していました。大卒の初任給が五万円に満《み》たない時代に、それだけで、倍以上の収入を得ることができたからです。

しかし私は、週に一、二本では満足できませんでした。最初の週に五本の契約を取れたことで自信が生まれ、生来《せいらい》の欲深さと負けん気で、もっといい成績をおさめて同じチームや会社のライバルに勝ち、収入もできる限りのものを、と欲が出たのです。

山手線沿線から中央線、さらに私鉄など、東京近郊には無数の駅が点在しています。それら駅前をベース基地にして、チームでセールスを展開していくのが会社のやりかたでした。

私は毎朝八時に千葉県松戸《まつど》市の自宅を出て、十時前に目的の駅に着きます。その後、それぞれに分かれて戸別訪問を行ない、午後になると街頭でのキャッチセールスが始まります。十八時を過ぎると、今度は駅近辺の企業の独身寮を訪ね、寮生に食堂に集まってもらい、マスセールスを行ないます。

自宅に帰るのは二十二時過ぎ、一日一四時間の労働です。しかし、疲れを感じませんでした。日曜日も、休むことなくセールスに出かけました。チームの同僚は休みを取っていましたが、私は一人でも平気でした。皆が休んでいる日に働いていると思うと、「今週もトップは俺のものだ」と張り合いが出ました。

街頭に立つと、一日に三〇〇人ほどの通行人に声をかけます。そのうち、五人前後と喫茶店に入り、セールスを行ないます。多い日には説明した全員から契約をもらうことができますが、駄目な時は三、四日連続して契約ゼロが続きます。

しかし、めげることはありませんでした。それは、私なりの確率論を持っていたからです。

私の経験では約五〇人に話ができると、二割の一〇人から契約を取ることができました。ここから、自分は野球における二割の打率（アベレージ）を持つ打者だと考えることにしたのです。これを知れば、たとえ二〇人連続（五人×四日間）で契約を取ることができなくてもあせることはなくなります。四日間連続で契約を取れなくても、一〇日間を振り返れば結果として、五〇人の内の二割、一〇人から必ず契約を取れていたからです。

このアベレージを知ることによって、けっして腐《くさ》ることがなくなりました。契約が取れない日が続いても、もうそろそろ契約が取れるぞ、と逆にワクワクしたものです。

トップセールスマンになる

一年三六五日休みなく働いたことで、成績は社内でトップクラスとなりました。勤めていたグロリア・インターナショナル日本支社は札幌《さっぽろ》、仙台《せんだい》、名古屋《なごや》、大阪、広島、福岡にある支店の他、都内にもいくつかのブランチがあり、グループ全体で六〇〇〇人を超えるセールスマンが在籍していました。

そのなかで毎週全国一位、最低でも一〇位以内に入る自分を、とても誇らしく思いました。収入も水商売時代と比べて桁《けた》違いに大きなものとなりました。毎週最低でも五セットを販売していましたから、週末には銀行窓口でかなりの金額を下ろしていました。

ある時、カウンターを乗り越えて、中年の行員から腕を掴《つか》まれたこともあります。「あなたは毎週のようにかなり大きなお金を下ろしているようだけれど、その一部でもいいから貯金をしなさい」と、まるで父親のように諭《さと》されたのです。

月収にすれば四〇万円以上の収入はあったと思います。現在の貨幣価値にすると二〇〇万円以上になるでしょう。それらのお金はすべてその月に使い切っていました。下手に貯金すると、その貯金をあてにして働かなくなる自分の性分《しょうぶん》を知っていたからです。

家は一軒家を借りていました。お茶の間には大型テレビを置き、ステレオセットと革張りの高価なソファを応接間にしつらえ、台所には出たばかりの電子レンジ、大型冷蔵庫に最新の洗濯機を買い揃え、リッチな生活を満喫しました。

セールス先では、その場所で一番高級なレストランやホテルに入り、食事をしました。当時で、一食五〇〇〇円はかけていたと思います。スーツは一流の紳士服店でオーダー、時計も高額のものを身につけました。

最高級の生活をしていなければ貧乏くささが出てしまい、二〇万円という高額な商品などど売ることができない、と思い込んでいたのです。お客さまのほとんどが大卒であったことから、高卒のコンプレックスを払拭《ふっしょく》するための所作《しょさ》でもありました。

応酬話法とは

前述のように、私は一年中休まずに働きました。自分なりの確率論を基礎に一日一四時間、三〇〇人に声をかけまくり、過酷なセールスの日々を突っ走ったのです。

しかし、いかにハードワークを重ねても、それだけでトップセールスマンの座を維持することはできません。最後の場面であるクロージング（契約の締結）において〝武器〟となる「応酬話法」が必要なのです。

この話法を自在に駆使できなければ、契約に結びつけることはできません。売れないセールスマンに共通しているのは、この話法が苦手なことでした。お客さまに断わり文句を言われると、それだけで腰砕《こしくだ》けになってあきらめてしまうのです。

改めて応酬話法についてご説明いたします。

一九六〇年代、日本は経済成長時代を迎えました。アメリカから多くの最新技術を導入することで、目覚ましい経済発展を遂《と》げたのです。同時に、アメリカからさまざまな経営学が輸入されました。そのなかに、販売戦略としての応酬話法がありました。

そして、応酬話法を取り入れたセールスマンが飛躍的に営業成績を向上させたことで、販売戦略としての応酬話法が日本社会に定着したのです。

応酬話法とは、一言で言えば、お客さまから投げかけられる疑問・質問・反論に答えるためのセールストークのことです。実は、お客さまの反応には一定の型があり、その型ごとに答えを用意するのです。誤解されやすいのですが、けっしてお客さまを論破《ろんぱ》するものではありません。むしろ、お客さまに自然に納得していただく、「ノー」と言わせない説得術です。

しかし、応酬話法が花を開いたのは一九八〇年代まででした。二〇〇〇年代に入ると、応酬話法という用語すら聞かれなくなりました。モノが売れない時代になり、スマートなセールストークでお客さまと接することが求められるようになったからです。

試《ため》しに国会図書館で検索してみると、タイトルに「応酬話法」を冠した本は一九六〇年代に二冊、一九七〇年代に二冊、一九八〇年代に一一冊が発行されています。しかし、一九九〇年代は三冊となり、一九九六年以降は一冊も発行されていません。

代わって、「セールストーク」と銘打った本が多く出版されるようになりました。一九六〇年代には一冊だったものが、一九九〇年代は一九冊、二〇〇〇年代には二八冊と劇的に増えています。

これは、応酬話法というネーミングが「売らんかな」の強引な印象を持たれ、アレルギーを起こされたからです。しかし、タイトルは変わっても、書かれている核心は応酬話法そのもので、実は本質は変わっていません。

いかに時代が変わろうとも、長い間訪問販売で培《つちか》われてきたノウハウは、それだけ普遍性を持っているのです。それは、単にお客さまにモノを売るテクニックであるばかりではなく、いかにお客さまに愛されるか、というセールスマンのあるべき道標《みちしるべ》を示しているからです。

私たちは日々さまざまな〝武器〟を持って、社会のなかで闘って生きていますが、そのなかでも最強の武器は、異なる意見の持ち主を説得する論理と情熱です。人間関係がもっとも重要な社会にあって、応酬話法は失敗を最小限にしてくれるのです。

コツを摑《つか》むには

ビジネスでも恋愛でも、断わられてあきらめるようでは、とうてい本懐《ほんかい》を遂げられません。断わられた時からが勝負なのです。

セールスにおいて、お客さまに断わられるケースは、主に次の五つです。すなわち「高い」「必要ない」「今すぐ決められない」「同じものを持っている」「お金がない」です。「えんどう豆を眼《まなこ》で嚙《か》めないから」「屁《へ》で字を書けないから」などの、奇想天外な断わり文句を言われることはまずありません。

私はセールスマン時代、この五ケースへの対応を徹底的に訓練しました。朝起きてから夜眠りにつくまで、暇さえあれば、五つの否定的な意見に対して効果的な応酬話法とは何か、を考え抜いたのです。

たとえば、道を歩いている時に信号に出くわします。もし、お客さまがこの信号機を「高い」「必要ない」と言ったら、どのように応酬話法で答えるか、を考えました。そして、郵便ポスト、車、自転車、看板、傘、帽子、保険、お酒……と目に入るものすべてに対して、五つの反論への応酬話法をシミュレーションしたのです。

そうした努力を続けているうちに、どんなモノでも売れるような気がしてきました。道路に落ちている石コロでも、です。

コツを摑むのはそれほど難しくはありません。世の中にあるものはすべて理由があって存在しています。その存在しているものが、私たちにとってどのような意味があり、それを手に入れることでどのようなメリットが生まれるかを説明すれば、お客さまはその品物に対して興味を持ち、所有したいという願望を自然と持つようになることを学んだのです。

それまで知り得なかった、その商品の魅力を平面的ではなく立体的に訴えればよいだけです。

「高い」に対する応酬話法

たとえば、「高い」と言うお客さまには、応酬話法で次のように話しました。

「お客さまがおっしゃる通り、確かにこのエンサイクロペディアは高いかもしれません。しかし、モノの高い・安いは比較によって語られるものではないでしょうか。お客さまが今、お締《し》めになっている素敵なネクタイの値段が、一〇万円では高すぎるような気がします。しかし、ビジネスの最前線でお仕事をなされておられるお客さまのネクタイのお値段が、一〇〇〇円、二〇〇〇円では安すぎる、というものです。

ビジネスエリートのお客さまであれば、五〇〇〇〇円程度の価格のネクタイが丁度よろしいのではないでしょうか。その程度の価格のネクタイをお客さまがお締めになるということは、お客さまの見栄《みえ》や自己満足のためではありません。他人と接する機会の多いお客さまであれば、当然のマナーと言えるレベルのお値段です。

私の持っている、このボールペンを見てください。お客さまに契約のサインをしていただくのに、町の文房具店で売られている五〇円や一〇〇円のボールペンでは失礼にあたります。

私は、ご契約いただいたお客さまには、一生の記念にと、このボールペンをプレゼントさせていただいております。滅多《めった》に手に入れることのできないボールペンですので、お値段は少々張りますが、せっかくご契約いただいたお客さまに、記念に差し上げるには適切な値段のボールペンだと思っています。

今、お客さまは、私がご紹介したエンサイクロペディアの値段を聞かれて『高い』とおっしゃいました。しかし、お叱りを受けるのを覚悟で申し上げれば、お客さまのこれからの人生で大きな戦力となる、この英語の百科事典と英会話教材のセットの、この程度の値段が『高い』とは、あまりにも自分の人生への暴言ではないでしょうか。

これは飲んだり、食べたり、遊んだりしてなくなってしまうお金ではありません。自分の身につき、栄養となり、武器となる、かけがえのない知識を得るためのお金です。毎月三〇〇〇円をお支払いいただき、ボーナス時には少々プラスアルファしていただければ、三年で終わってしまいます。

毎月三〇〇〇円と言えば、一日一〇〇円です。自分の人生に、英語で啖呵を切れるような実力を身につけるのに、毎月の三〇〇〇円が『高い』とは、あなたさまはご自分の人生を貶《おとし》めていらっしゃいます。あなたさまの人生はけっしてそんなに安っぽいものではありません。自分の人生に投資するのに三〇〇〇円が高いなどとは、口が裂《さ》けても言っていただきたくありません。正直に申し上げれば、無敵の英語力を身につけられるあなたさまにとって、三〇〇〇円は高いどころか、安すぎるとさえ思っております」

「必要ない」に対する応酬話法

「必要ない」との意見をお持ちのお客さまには、次のような応酬話法を用いました。

「今『必要ない』とおっしゃいましたが、私はそのようには考えません。あなたさまがこの教材を手に入れられて、これからの国際化社会の時代に、英語力で対抗していく能力をお持ちになられたら、どれほどあなたさまがこれから先すばらしい人生を歩まれるだろうか、と想像するだけで興奮してきます。

ご自分でも想像なさってみてください。英字新聞や原書をスラスラと読み、目を閉じても洋画を理解でき、洋楽の歌詞を翻訳なしでも楽しんでいる自分の姿を、頭のなかで思い描いてほしいのです。

私はあなたさまが自分に英語の力は必要ない、とおっしゃることは大きな間違いだと思っています。

もし、あなたさまが私の言うことを信じてくださって、この教材を自分のものとしてお勉強されたといたします。一年後、英語を自在に話す力を身につけることができたあなたさまは、まだその時も、私に向かって『必要ない』などと口にされているでしょうか。

必要だとわかっていても、お金がないから残念だけど購入できない、ならわかります。しかし、あなたさまほど将来のある人間が、来《きた》る国際化社会の時代に向けて英語力を身につける必要がない、などとおっしゃることは天に唾《つば》するような行為です。もしご先祖さまが天国で見ていたら、何という子孫だ、と嘆かれているに違いありません。

現代の情報化時代は、江戸時代の人間が一年間で得ることのできる情報をわずか一日で得ることができる、と言われています。情報こそ『金』であり、『力』である時代に私たちは生きているのです。そんな時代に生きている私たちにとって、世界の共通語である英語は空気や水のように不可欠なものです。私たちは情報戦で敗れれば国も企業も個人も、生きていくことができない厳しい時代に生きているのです。

あなたさまが英語力を自分には必要ないと宣言されることは、生きるための闘いをやめることを宣言するようなものです。これからの時代は、学歴や資格は何の意味もありません。国際化社会にあっては、多様な文化を持つ人間とのコミュニケーション能力が問われるのです。その時、世界の共通語である英語の能力をあなたさまが身につけていれば、何も恐れることはなく、無敵と言えるでしょう。

一日一五分でいいのです。毎日欠かさず、一日一五分を三カ月続けてみてください。その時、本当に俺には英語力が必要ない、とおっしゃるのでしたら、私は喜んでこの教材を個人で買い取ります。そのための約束の一筆をここで書いても結構です。私があなたさまに願うのは、自分の人生をあきらめないでほしいということです」

「今すぐ決められない」に対する応酬話法

「今すぐ決められない」というお客さまには、次のような応酬話法で接しました。

「『今ここで決められない』ということは、これから先一生かかっても決めることができないということです。

あなたさまは忙しい毎日を過ごされています。今こうして私の話を真剣に聞いていただいていますが、これであなたさまとお別れすれば、あなたさまはもう別なことをお考えになられるはずです。今、一生懸命に私の話を聞いていただいているここで決められないで、いつお決めになられるというのでしょうか。

私は、あなたさまの人生を煩《わずら》わせたくはありません。せっかくこれまで、おたがいに集中して英会話学習について考えてきました。これだけ集中して真剣に英会話のことを考える機会は、もう今後ないでしょう。はっきり申し上げて、あなたさまが英会話を身につけることを考える最後のチャンスだと思うのです。

だから今、ここで決めていただきたいのです。二、三日すれば別のことであなたさまの頭はイッパイになっているはずです。人生は毎日次から次へとさまざまな問題が降りかかってきます。右に行くか、左に行くか、その時その時に英知を振り絞り、勇気を持って決断すべきなのです。

人生の出会いは『一瞬遅からず、一瞬早からず』という言葉のように、人と人との出会いはすべて偶然ではなく、運命です。この大東京の空の下で、あなたさまと出会ってから一時《いっとき》こうしてお話ができたのも、私たちの奇跡的な出会いでした。私は、一期一会《いちごいちえ》の精神でこの仕事をさせていただいています。生涯二度とこのお客さまとは会うことはないだろう、という覚悟で、全力投球でお話をさせていただいています。

私は、一度会ったら生涯忘れることのできない人間になることを夢見ています。それは何も、ものすごい才能に恵まれて崇《あが》め奉《たてまつ》られたいという野望に駆られてのものではありません。何年か何十年か経ったあとでも、あの時のセールスマンは心の底から自分のことを思って話してくれた、と思い返していただけるような話ができるセールスマンでありたいと願っているのです。

私は、あなたさまが自分のためにこの瞬間に決断されるであろうことを信じています。なぜなら、誰でも自分のことが可愛くて可愛くてしかたがないからです。その自分を幸福にしてくれるに違いないことを今すぐここで決められない、二、三日考える、などとの嘘を言って、かけがえのない人生のチャンスを葬り去るような愚《おろ》か者であってほしくないのです。

『二、三日考える』と言って、二、三日後、自分のための決断をした人間は過去に一人もいないのです」

「同じものを持っている」に対する応酬話法

今はモノが溢《あふ》れている時代と言われていますが、「同じものを持っている」と言うお客さまには、次のような応酬話法が有効でした。

「本当に同じものを持たれているのであれば、結構なことです。しかし、本当に同じものをお持ちになられているのか、もう一度ご確認いただきたいのです。

もともより私は、何でもいいから売ろう、買っていただこうなどとの自分勝手な考えはチリほども持っていません。お客さまあっての商売、お客さまの満足がなければ成立しない仕事をしています。

ただ、お考えいただきたいのは、似たようなものをお持ちになっておられるとのことでございますが、内容はまったく別物《べつもの》だということです。私がご紹介した英語の百科事典と英会話教材のセットは、これまで英語が苦手で悪戦苦闘なされてきた日本人のために、皆さまのご意見を取り入れてようやく完成したものです。

この教材が完成するまでには、七〇〇〇人もの英語を勉強されてきた皆さまの挫折や絶望を参考にさせていただいてきました。そうした人たちの涙の滴《しずく》がこの教材に結実していると言えます。ご紹介しました教材は、それまでの英語教材と似ているように見えるかもしれませんが、まったく違います。

その内容は、これまで英語で苦労なされた皆さまに泣いてお喜びいただける画期的なものです。専門家によれば、これまでの英語教材より一〇パーセントの能率を上げることができる、と言われています。一日一〇パーセントということは、一週間では七〇パーセント、一カ月ではこれまでの約三倍の三〇〇パーセントの勉強の成果を上げることができるのです。

この、すこしだけでもいいから進歩して前に進む、ということが大事なのです。自転車の時代から一気に自動車に到達することはできませんでした。自転車からバイク、バイクから三輪自動車、三輪自動車から軽自動車、軽自動車から普通自動車へと進歩したのです。

自転車からバイクへ発展する過程で、『同じようなものを持っている』と新しいものに興味を示すことがなかったなら、はたして私たちは現代の車社会を手に入れることができたでしょうか。すこしでも進化し、発展しているものを貪欲《どんよく》に取り入れようとする好奇心によって技術の革新が生まれ、新しい産業が興《おこ》り、それが私たちに豊かさを届けてくれる礎《いしずえ》となったのです。

新しい生活にチャレンジする精神の大切さは、何も自動車だけに限ったものではありません。ご家庭にある冷蔵庫、洗濯機、テレビなど、すべての生活用品に対して、すこしでも良い商品を手に入れる、賢《かしこ》い目利《めき》きであることが求められています。

　もったいない、を優先して非効率な生活を選ばないでください。自分は今考えられる範囲でベストの選択をしている、との確信を持てれば、それは何よりの自信と継続の力となるのです」

「お金がない」に対する応酬話法

「お金がない」とは何度も言われた言葉ですが、次の応酬話法で対応しました。

「お言葉を返すようで恐縮でございますが、この世に『お金が余って困る』『お金がありすぎて困る』などと言う人間がいるでしょうか。お金があってもそれらは使い道、行き先が決まっていて、お金がないのは当たり前のことです。

　私が申し上げたいのは、何かを得るためには何かを捨てなければならない、ということです。近い将来、英語で啖呵を切る能力を身につけるために一日一五分の勉強をお願いします。その能力を身につけるには、一五分の時間を犠牲になさってください。

あなたさまにおすすめしているのは一日一五分を犠牲にするのではなく、投資することによって英語で啖呵を切る能力を身につけることができるなら、そのほうが絶対にあなたさまにとっては得だ、と考えるからです。

好きか嫌いかではなく、損か得かで考えていただきたいのです。やりくりのなかで毎月三〇〇〇円を投資して英語の実力を身につけるか、三〇〇〇円を使って飲み食いをして目先の楽しみを味わうか、どちらがあなたさまの将来にとって得なのか、を考えてください。

知識は私たち社会人にとってのエネルギーです。ガソリンがなくなれば補充しなければならないように、知識というガソリンがなくなれば、あなたさまという車は走れなくなってしまいます。古びた知識しか身につけていないあなたさまを、社会が必要としなくなるからです。

自分への投資をやめるということは、自分をスポイルしてしまうことです。『お金がない』などと言って、自分の教育のための投資をやめることは、そのもともとの収入源である水道の蛇口《じゃぐち》さえ閉じてしまうことです。

自分への投資三〇〇〇〇円を『お金がない』とあきらめてしまうことは、自分への冒瀆《ぼうとく》です。三〇〇〇〇円のお金を投資する価値もない、とご自身を評価されているのでしょうか。

私たちは何のために働いているのでしょうか。よりよい明日の豊かな生活のために、です。そのためのエネルギー源である知識の補充を忘れないでください。『お金がないから』などの屁理屈で、自分への投資をやめることは論外です。

お金がある・ないに関係なく、社会に出て第一にそのお金の使い道を決めるべきは、生命維持装置である『自分が成長し続けるための学習への投資』を決定することです。『お金がない』を口にすることは、失礼を顧《かえり》みずに申し上げれば『知恵がない』を口にしているようなものです」

いかがでしょうか、これが応酬話法です。次章からは、より具体的に見てまいります。

第一章

質問話法

――質問によって本音《ほんね》を炙《あぶ》り出す

質問話法とは

応酬話法にはいくつかのパターンがあり、五つほどに分類されます。ここからはパターンごとに見ていきますが、まずは質問話法からご説明します。

質問話法とは、営業マンがお客さまに質問することで、問題の本質を明らかにする方法です。その利点は「営業マンが多くを話さなくていい」「不毛な議論を避《さ》けられる」「相手の欲求を相手自身に自覚させる」「相手の弱点がわかる」などが挙げられます。なぜ、お客さまに質問をするのか。

それは、お客さまに、営業マンと同じレベルで商品について考えていただくためです。「お客さまはどうお考えになりますか」と質問をすることで、お客さまは中途半端な答えをするわけにはいかなくなります。質問を受けることで、営業マンの立場を尊重せざるを得なくなるからです。

お客さまは質問に対して自分の意見——たとえば「○○だからいらない」——を自信たっぷりに答えるでしょう。営業マンはその意見に反対することなく、質問を続けていきます。そして、営業マンが望む「結論」へと徐々にお客さまを導いていくのです。「結論」

とは、お客さまに商品購入の契約をいただくことです。

『人を動かす』『道は開ける』などの著作で知られる作家デール・カーネギーは「世の中で、人にあることをさせるように口説く方法はたったひとつしかない。それは、その人が何となく自発的に実行したくなるように、上手に道案内をしてやることだ」と言っています。

質問話法とは、お客さまが「はじめから自分が考えていた通りに契約したのだ」と思っていただける契約への道案内とも言えます。

どのような質問をするか

大事なことは、けっして「いいえ」「違います」などの否定的な答えが返ってくるような質問をしないことです。お客さまが一度でも「そうではありません」と言ってしまうと、それを「そうですね」と肯定的な答えに変えるのは難しくなります。

「そうではありません」と言ったからには、簡単に「そうですね」と変えることはお客さまの自尊心が許さないからです。

ギリシャの哲学者ソクラテスは「人を説得する天才」と言われました。ソクラテスが説得する時には、相手が「イエス」と言わざるを得ない質問をしました。どんな質問でも「イエス」と言わせ、次から次へと「イエス」を重ねて、相手が気づいた時には最初否定していた問題に対しても、いつのまにか「イエス」と答えてしまう質問話法を用いたのです。

人を説得する時は、意見の異なる話題を取り上げることを避けて、まず意見が一致している問題から始め、絶えずその一致していることを強調して話を進めるようにします。その質問が営業マンのためではなく、自分のためであることをお客さまが自覚できれば、自然と購入への欲求を持つようになります。

実例を示しましょう。序章でも述べましたが、英語の百科事典のセールスマン時代、私は自己紹介後すぐに「英会話の必要性をお感じになりますか」と質問をしました。多くのお客さまは「はい」とお答えになります。

次に、「毎日一五分間、英会話のお勉強を続けられて、三カ月後には英語で啖呵を切る実力を身につけることができたら、すばらしいと思われませんか」と質問します。この質問に対しても、ほとんどのお客さまは「はい」と肯定的な返事となりました。

続けて、「そのすばらしい実力をあなたさまに身につけていただける、画期的な教材があるとしたら、試してみたいと思われませんか」と質問します。返事は当然のごとく「はい」と返ってきます。

最後に、「実は、私はその実力を身につけていただける、夢のような教材の資料をお持ちしております。これから一五分ほどで結構でございます。ご説明する時間をいただけないでしょうか」とお願いするのです。

私の質問に対して三回も「はい」と肯定的に答えられて、よほど忙しいお客さまは別として、ほとんどの方が「一五分くらいなら」と快諾してくださいました。

本音を引き出す質問

こうして、お客さまに商品を説明する機会を得ることに成功したわけですが、説明の際にも、事《こと》あるごとに「何かご質問はございますか」と尋ねます。常に質問を投げかけることで、お客さまとの間のコミュニケーションが成立し、人生のかけがえのない時間を共有している、との一体感が生まれるのです。

人間の心の奥底に潜む本心は、他人には見えません。その本心を知るには、こちらから質問しなければなりません。それを実践するのが質問話法です。そして、本心を知ったうえで、契約に結び付くような話に誘導することが求められます。

一九八八年、私は満《まん》を持《じ》してAVメーカー・ダイヤモンド映像を設立したのですが、質問話法は、AV出演をためらう女性を説得する際にも有効なアプローチとなりました。AV出演を躊躇する女性のもっとも大きな課題は「他人に知られる」こと。セックスそれ自体は経験豊富で、AV作品を何百本も鑑賞されておられて、下手なAV女優顔負けのテクニシャンも少なくありません。ただ「他人に知られる」ことだけを気にしているのです。

私はそれらを理解しているので、あからさまに「他人に知られたくないんでしょ」などと聞くことはありません。作品のパッケージ写真の話題に触れて「髪にウイッグをつけて変身する方法、ホクロをつける方法がありますが、どちらにしますか」と、万が一疑われた時でも別人だと言い張ることができるアイディアを提供するのです。

「あなたの悩みは承知していますから大丈夫」との優しい、ワンランク上の気遣《きづか》いのある質問を受けることで、女性は「この監督さんは売りモノ買いモノと、自分のことばかりを考えることのない愛情のある人間」との信頼を寄せるのです。

気をつけることは、質問の内容はあくまでも出演することを前提とした「選択」のための質問であることです。

質問し、本音を引き出すことで、女性の思わぬ悩みを知ることがあります。それらの悩みは、当人にとって、時に「他人に知られる」ことより大きな課題です。

たとえば、父親が東京大学出身で日本を代表する財閥系企業の社長であったり、海上自衛隊の艦隊司令官であったり、また本人が京都大学の学生であったケースもありました。質問を重ねることで信頼関係を築き、そうした心の奥に秘めている悩みを聞き出すことができたのです。

真実を知れば、あとは誰でもない自分の人生を、勇気を振り絞って生きる意味を熱く語り、励ますことでAV出演への道を開くのです。

質問話法とは、お客さまの抱えている問題を明確にして、解決の糸口を与え、的確な判断をするための手助けをしてあげることなのです。

商品よりも、自分に興味を引かせる

お客さまが質問に対して答えるということは、少なくとも興味があることを示しています。この「興味」は実は多くの場合、商品よりも人、すなわち営業マンに向けられています。人間として好意を持っているから、話に耳を傾けようとしているのです。

これは重要なポイントです。自分に対して明らかなメリットがあるかどうかもわからないのに、忙しい時間を割《さ》いて説明を聞こうとしているのは、何かを得て利益を得たいと考えているからではなく、人間として営業マンと友好的な関係を持ちたいと考えているから、と受け止めるべきです。

ですから、質問話法以前に営業マンが心がけることは、お客さまに対して誠意ある人間である、との好印象を与えることです。「好ましい人間」であるとの認識を持っていただくことができなければ、どんなに巧《たく》みに話しても、馬の耳に念仏となって、そこから先の話を聞いてもらうことができなくなります。

相手に好意を持ってもらう最大の武器は「笑顔」です。笑顔こそ、お客さまの心を蕩《とろ》けさせる媚薬《びやく》となるものです。では、笑顔を身につけるにはどんな訓練が必要でしょうか。

デザイナーのコシノジュンコ氏は「一歩外に出ると勉強が転《ころ》がっている。拾い回ろう」と言い、作家の吉川英治《よしかわえいじ》氏は「われ以外皆わが師」と言いました。

この、お客さまから人生の大切なことを学ばせていただける、との謙虚な気持ちがあれば、自然と笑《え》みがこぼれるものです。外面《そとづら》だけを繕《つくろ》った笑顔などは、すぐに見破られてしまいます。たとえ、相手の社会的立場や学歴が低くても、修羅《しゆら》の巷《ちまた》で生き抜いてきた生活者です。間違っても、「たかが〇〇」などと侮《あなど》ってはいけません。

また、相手の貴重な時間を奪う立場である営業マンは最低限、お客さまの心を和《なご》ませる義務を負っています。そうしたマナー人であってこそ、お客さまに興味を持っていただけると自覚してください。これはけっして精神論ではありません。

営業マンに限らず、人前で笑顔を見せることのできない人間は社会的失格者です。笑顔を見せることができないのは、自分のことばかりを考えている自己中心的な考えの持ち主であることを白状しているようなものです。他人の前で無防備に笑う、ということは相手を無条件に信頼しています、裏切りません、という意思の表明なのですから。

英語の百科事典のセールスマン時代、笑顔を身につけるために毎朝、自宅の鏡の前で

「上を向いて歩こう」を歌う訓練をしました。あなたも、試しに好きな歌を笑いながら歌ってみてください。一週間続ければ、間違いなく、いい笑顔で歌っている自分の顔を、鏡の向こうに発見できるでしょう。

究極の笑顔

笑顔に救われた例を二つ紹介しましょう。

顧問弁護士とは、もう三五年の付き合いです。彼には、私がビニ本（ビニールで包装された成人向け雑誌）・裏本（性交場面を掲載した非合法の写真集）の制作販売をしていた頃から、私やスタッフなど何十人もお世話になってきました。彼が有能であることは論を俟《ま》ちませんが、付き合いのきっかけになったのは笑顔でした。

一九八四年、猥褻図画《わいせつとが》販売目的所持の罪で、札幌東署に逮捕されました。東京から飛行機で駆けつけてきた彼は、面会室で私の顔を見るなり「大丈夫、大丈夫」と大きな笑顔を見せたのです。

何しろ、はじめての逮捕でしたので、これから先どうなるのかと留置場で眠れない毎日を送っていました。しかし、その屈託ない笑顔を見たとたん、それまで抱いていた不安が消え、目の前に重くたれこめていた霧が晴れていくのを感じました。

二〇一二年、私は二五万人に一人という難病に罹《かか》り、大学病院で余命一週間との宣告を受けました。一二時間にわたる手術を受けましたが、二カ月後の退院時には医師から「いつ死んでもおかしくない」と言われました。

人間は、いざとなったら脆《もろ》いものです。長時間の手術を乗り切り、ようやく助かったと思っていたところに再び死の宣告をされ、精神に異常を来《きた》した私は七カ月間、夢遊病者のようになって彷徨《さまよ》い歩きました。

その後、幸運にも世界的名医との出会いがあり、救われたのですが、何よりも励みになったのは「絶対に、絶対に、絶対に、監督を助けますから」と言って、彼が見せてくれた笑顔です。その慈愛に満ちた笑顔に接し、肉体の前に精神が救われたのです。

売れっ子に共通の「目」

笑顔で気をつけなければならないもの、それは「目」です。いくら満面の笑みでも、目が笑っていなければ、相手はすぐ作り笑いと見破ります。

かつてお付き合いのあった俳優・勝新太郎《かつしんたろう》氏は「役者はメイクアップをするけれど、ひとつだけできないところがある。目だ、目だよ。目だけはメイクアップできないんだよ」と語っていました。

タレントの毒蝮三太夫《どくまむしさんだゆう》氏は毒舌で知られています。彼は、年長者に向かって「ババア」「死に損《ぞこ》ないめ」と聞き捨てならない暴言を平気で吐《は》きます。しかし、言われた老人たちは怒るどころか、相好《そうごう》を崩《くず》して喜びます。なぜなら、彼の言葉には悪意がないことを知っているからです。

当のご本人は、その極意は「目」にあると言っています。いくら悪口雑言《あっこうぞうごん》を浴びせられても、目に優しい微笑みが宿っているのを知ると、老人たちは彼の言葉を善意と受け止めて笑い転げる、と。まさしく「目は心の窓」なのです。

テレビ番組で共演したこともある有吉弘行《ありよしひろいき》氏は「テレビに出ている時には、ひたすら笑っていることを心がけている」と言っています。彼の出演番組を観《み》ていると、出演時間の約八割は笑顔を見せています。よくぞこれだけ笑顔でいられるものだ、と感心するほど笑みで溢れています。

峰竜太《みねりゅうた》氏も、後輩から、長くテレビの最前線で活躍し続ける秘訣を問われて、「そんなの簡単だよ。いつも上機嫌で笑っていることだね」とアドバイスをしています。

営業マンは目から笑う、心から笑うことを心がけたいものです。

質問力は好奇心で磨《みが》かれる

二〇年以上前、アダルトＤＶＤを作った時のことです。当時はまだビデオが主流で、ＤＶＤ再生機もそれほど普及していなかったので、商戦は困難を極めました。

まずは、こうした商品があることを知っていただくことが先決と考え、日本全国の書店に委託で扱ってもらうことを思いつきました。アダルト作品だけに最初は苦戦しましたが、次第に注文が増え、最終的には一〇〇〇店を超える書店にＤＶＤを委託することができました。

その委託販売の電話セールスに五人の女性を採用したのですが、特に優秀な女性がいました。彼女の夫は有名なプロレスラーＲ氏でしたが、事故に遭《あ》って、結婚後まもなく亡くなってしまいました。夫に先立たれた時、彼女のお腹には亡き夫との一粒種が宿っており、その子を女手ひとつで育て上げるため、生命保険の営業職を選びます。

私は、知人のところに勧誘に来ていた彼女を見て、その類稀《たぐいまれ》なる話術に接し、ヘッドハンティングしたのです。結婚前にキャビンアテンダントだった彼女は、接客に抜群の才能を発揮、他の女性たちの二倍の成績を上げてトップとなりました。

彼女のセールスの七割は、電話相手である書店員の話を聞くことに傾注していました。「驚いたわ、信じられないです」「そうですか、どうして?」「はじめて知りました、教えてください」と質問を繰り出すのです。彼女の口からは「お願いします」「頼みます」といった言葉はほとんど出ません。

ある時など、電話口で「おどま盆ぎり盆ぎりー」と歌い始めました。お客さまとの話が弾《はず》んで、「民謡が趣味なんです。地元の民謡を教えてくださいませんか?」と質問して、「五木《いつき》の子守唄《こもりうた》」を教えられたのです。

彼女は、電話の向こうのお客さまに質問を投げかけ、返ってきた言葉に「そうですか、勉強になりました」と、素直に言葉を返します。人間としてのお客さまに興味を持つ、その純粋な好奇心は相手に伝わり、お客さまの心を開かせるのです。質問話法、恐るべし。

お客さまから返事がない時

お客さまに質問をしても、何も返ってこないことがあります。ラッキー、などと思ってはいけません。お客さまは、あなたが紹介する商品に興味がなく、あなたという人間にも魅力を感じていないからです。

こうした無関心を装《よそお》うお客さまを前にすると、南極で冷蔵庫を、灼熱の砂漠で暖房機を売らなければならない営業マンのような喪失感に襲われます。

作家アルベール・カミュの「人間が唯一偉大であるのは、自分を超えるものと闘うからである」の言葉にあるように、お客さまの無関心はまさしく「自分を超えるものと闘う」またとないチャンスです。

「営業は断わられた時から始まる」と言われるように、無視される絶望的状況からスタートするのが営業であり、その突破口になるのが質問話法です。

質問話法で重要なのは、今お客さまが何を考えているか、その本心を見抜く眼力《がんりき》です。

夏のビーチに憧れているお客さまに、スキーの話をするのは愚かなことです。優秀な営業マンは、今お客さまが何を考えているか、を洞察することに全力を傾けます。そして、お客さまへの質問は、肯定的な返事が返ってくる質問に限定します。

「今すぐここでは決められない」と言うお客さまには、「何か人生を左右するような別のお悩みをお持ちでしょうか」との質問をします。お客さまは「いや、そんなたいした問題は何も抱えていませんよ」と返してくるはずです。

「それなら安心しました。あなたさまほどの方が、この程度のことを『今すぐここでは決められない』などあり得ないと思ったものですから」と自尊心をくすぐる話をします。

「高い」と言うお客さまには、「この半分程度の値段であれば購入してもいい、とお考えではありませんか」との質問をします。「そうですね」と肯定的な意見が返ってくるに違いありません。

「必要ない」と言うお客さまには、「本当に必要ないかどうか、試されてみませんか」と尋ねれば、「試すだけなら」との肯定的な答えが返ってきて、必要かどうかは試してみなければわからない、との「正解」が、お客さまの心のなかから導き出されるのです。

このように、質問話法は、その商品がお客さまにとっての必要性を満たしているがゆえに存在していることを、お客さまに理解してもらうためのステップでもあるのです。

人使いの魔法

質問話法では、返ってくる答えに対して、ネガティブな考えを払拭し、ポジティブな思考へ誘導する話し方が求められます。それには「さしすせそ」が有効です。

お客さまの答えが返ってきたら、最初に「さすがですね」「信じられないほどすばらしい」「すごいですね」「世界一ですね」「そんなことがあるんですか」と褒《ほ》めることです。これらの枕詞《まくらことば》を連ねることで、お客さまは、自分のことをわかってくれている、自分を肯定してくれたと感じ、営業マンに好意を持つのです。

褒められて、いやな気持ちになる人などいません。私たちは皆、他人から認められ、惜《お》しみなく褒められたいと願っています。

友人にマジックショーのプロデューサーがいます。三十代の女性ながら、五〇人近いスタッフを引き連れ、一一トン車三台にマジックの大道具を詰め込み、国内はもちろん東南アジアまで一年中忙しく走り回っています。

舞台の仕込みを指揮している彼女を目撃したことがありましたが、大勢のスタッフに指示を出す、その手際《てぎわ》の良さに圧倒されました。タイトなスケジュールのなかで、個性的で一筋縄ではいかないスタッフを休みなく働かせるには、かなりの手腕が求められます。彼女は時に厳しく指示しながら、「さしすせそ」を口にしていました。

彼女はスタッフに「どうしてそれをやっているの?」と質問します。スタッフがその理由を口にすると、「さすが」「信じられないくらいいいよ」「すごい、すごい」「あなたのセンスには敵《かな》わない」「尊敬に値《あたい》するね」と返すのです。

聞いているこちらが恥ずかしくなるほどの褒め言葉のオンパレードです。しかし、彼女はそれを照れることもなく、スタッフはそれらの言葉を背に受けながら、嬉しそうに仕事に励んでいました。まさしく「人使いのマジック」です。人を動かすには、叱るのではなく称賛し、激励することがどれほど大きな力となるかをまざまざと見せつけられました。

質問話法の目的は、お客さまの意見に耳を傾け、自分の意見を聞き入れてもらった、との満足を与えることです。そうした信頼感を醸成《じょうせい》することができれば、その先の相手の心を変えるゴールに辿《たど》り着くことは難しいことではありません。

女性へのキラー質問

女性の口から出る「いいえ」は否定ではない——イギリスの詩人フィリップ・シドニーの至言です。

私は職業柄、女性に質問する機会が多くあります。その際には、女性が「この人は私のことを知ってくれている」と共感を得ることができる質問をするよう心がけています。そして、返ってきた答えをそのまま受け入れるのではなく、本心はどこにあるのかを分析します。「いいえ」と返ってきた言葉を、馬鹿正直に「拒《こば》んでいる」と受け取っていては、仕事にならないからです。

女性にとって、褒め言葉はメロディーのようなもの。AV出演の面接では、女性が心地よい音楽を聴いているような質問を投げかけます。

「お肌がとてもきれいですね、お手入れには相当お金をかけているのでしょう?」

「男にとって、長い髪の女性は憧れです。どのようなお手入れをされていますか?」

「目力《めぢから》がすごいですね、吸い込まれそうで掃除機みたい、と言われませんか？」

「指がきれいですね、『指タレ』の仕事に誘われたことがありませんか？」

「抜群のプロポーションですね、男たちが寄ってきておちおち道も歩けないでしょう？」

「声が何ともセクシーですね、『ただ目を閉じてジッとして朝まで聴いていたい』と言われたことがありませんか？」

「笑顔が素敵ですね、優しいお人柄が表われていて、その笑顔に皆溺《おぼ》れてしまうでしょう？」

死んでも女性を貶《けな》さない、を信条としている私は、どんな女性でもその長所を見つけて褒め上げることに何の迷いもありません。相手をいい気持ちにさせることができないなら、口を開くな、と自《みずか》らを戒《いまし》めています。そして、それを実践してきたからこそ、前代未聞の三〇〇〇作のAV作品を撮ってこられたと自負しています。

演出か、リアルか

白い紙にレモンの汁で字を書き、乾《かわ》いてから火を近づけて、その見えない字を炙《あぶ》り出す

――小学生の時の理科の実験を覚えているでしょう。質問をすることで相手の本音を炙り出す、この「火」の役割こそ質問話法です。

映画や演劇も同様です。たとえば、近親相姦の不条理やその世界を描こうとする時に、本物の母と息子、父と娘に出演させても、「事実」は描けても「真実」は描けません。なぜなら、「本物」は日常的に近親相姦を楽しんでいて、そのセックスに背徳感がないからです。では、近親相姦の「真実」とは何でしょうか。

それは、禁断の愛に身を焦《こ》がす罪の意識と快楽の相克《そうこく》の地獄絵です。それを描くには「本物」ではなく「偽物《にせもの》」の役者に、崖っぷちに立った母と息子、父と娘を演じさせて、セリフを言わせる必要があります。

娘が涙を見せて抗《あらが》いながら、父親に「お父さん、こんなことをしたら神様に叱られないかしら」との質問を投げかけます。父親は「構わない、お前とならば地獄のはてまで堕《お》ちてやる」と、その決意を吐露《とろ》します。

こうした切羽《せっぱ》詰まった「質問」と「答え」のやりとりがあって、観客ははじめて近親相姦のエロティシズムに興奮し、魅了されるのです。

ここで、娘の「お父さん、こんなことをしたら神様に叱られないかしら」の質問がなければ、エロティシズムの生《なま》の高揚を描くことはできません。まさしく質問することで、真実が姿を現わしたのです。

ヤクザ映画で抗争シーンを撮る時にも、質問話法によってリアリズムが演出されています。以前、本職のヤクザに「あんたたちの撮るヤクザ映画は、俺たちからすれば嘘っぽくて観ちゃいられない。全国一〇万人の極道にソッポを向かれるヤクザ映画なんて、誰が観るんや」と言われたことがあります。

彼が言うには、本物は敵対する相手の命《タマ》を取ろうとする時、ニコニコと笑って油断させ、その隙《すき》を狙って襲撃するのだそうです。「映画のように、襲撃前に怒鳴り合っていては命がいくつあっても足りない」と。

しかし、実際にそうであっても、怒鳴り合い・殴《なぐ》り合いの末に我慢できずに殺しに行くという虚構のリアリズムを演出しなければ、殺人のハラハラ・ドキドキ感を描くことができません。ゆえに敵役《かたきやく》に「てめえ、殺しに来やがったのか」との質問をさせ、主役に「親分の仇《かたき》、お命頂戴《ちようだい》します」と答えさせて、クライマックスを演出するのです。

質問話法における質問の意義を、映画や舞台の役者になったつもりで考えるとわかりやすいでしょう。人を説得しようとするなら、相手に質問して、自分の十八番《おはこ》のセリフが引き出されるよう導いていく「千両役者」であるべきです。

債権者が味方に変わった一言

五〇億円の借金をして倒産した時には、多くの債権者に囲まれました。倒産ならしかたがない、とあきらめてくださる方もいましたが、いつまでもあきらめることなく返済を迫ってくる方たちもいました。

私は会社の発行した手形に、個人保証の裏書《うらがき》をしていました。「会社は倒産しても個人が倒産したわけではないのだから、何とか工面して今すぐ返済しろ」と言うのです。あれだけ儲《もう》けていたのだから、どこかにまとまった金をこっそり隠しているに違いない、と疑っているようでした。

倒産を経験した方はおわかりいただけると思いますが、経営者というものは経営危機に陥《おちい》ると、最後の虎の子の金まで全部注《つ》ぎ込んで、倒産を回避しようとするものです。この一億だけは別の口座に移して秘密にしておこう、などとの余裕はとてもございません。有り金全部、それこそポケットにある最後の千円札まで注ぎ込んで無一文となり、そこで力尽きて倒れるのです。

しかし、債権者はそうした事情を理解してくれません。何としても取れるだけのものは回収しようと執拗に責め立てるのです。

私がひたすら、何度も何度も「お許しください」と謝っても埒《らち》が明かず、ついに債権者に「どうしたらいいのかを教えてください」と質問しました。居直《いなお》ったと受け取られることのないように、最大限の敬意を払い、きわめて穏やかに話すことを心がけました。そして、「やれとおっしゃるのでしたら、どんなことでもします」と言葉を続けました。「許してください、すみません」といくら言っても、聞く耳を持たなければ、堂々巡りで一歩も前に進みません。何を言っても「金を返せ」では議論にならないのですから、「どうしたら気が済むのか」と相手の欲求を聞くことしか方法はありません。

すると、「どうしたらいいかはお前が考えろ」と投げやりな言葉が返ってきます。

なるほど。どうしたらいいか、債権者にもわからないから、ただ厳しい言葉で責め立てていたのです。

おたがい角突《つの》き合わせて睨《にら》み合っていても問題は解決しないことを、債権者に納得させるには、この質問話法がどうしても必要でした。債務者である私が質問をすることで、債権者は自分の問題でもあることを悟《さと》ったのです。

これによって、おたがいの腹の探り合いを続ける無駄な時間を費《つい》やすことがなくなりました。債権者はひたすらに怒鳴り上げることをやめ、一緒に答えを探すことに知恵を働かせてくれるようになったのです。

検察トップが心を開いた一言

質問話法の究極は、個人的なことを聞き出すことです。誰でも他人には知られたくない秘密を持っています。しかし、質問によって、お客さまが大事にしていることやその生き方を知って共感できれば、親しみや尊敬に変わります。それが、お客さまにも伝わり、営業マンとの間に横たわっていた壁が取り払われ、おたがいに応援したいという気持ちの連鎖反応が起きるのです。

顧問弁護士の紹介で、高い地位にある検事とお知り合いになったことがあります。高学歴で勉強一筋に生き、私とは真逆の仕事に就いたこの人物に興味がありました。彼の歩いてきた人生を聞かせてもらうことで、私とは別の人生を味わえると思ったのです。

「Yさんは、どうして検事の仕事に就かれたのですか」と質問すると、「親戚に同じ仕事をしている人がいたから」と答えられました。

「検事のどんなところが好きですか」と質問すると、「悪い奴をやっつけると気持ちがいいからね」と悪戯《いたずら》っぽい笑顔を見せます。その飾らない人柄に好印象を持ち、思い切って「猥褻罪についてどう思いますか」と質問しました。

すると「猥褻罪は殺人や窃盗などの犯罪と違って、絶対的な悪ではないからね。社会や文化の移り変わりに応じて、当然その規制は緩《ゆる》やかになっていかなければならないと思うよ。私たち司法の人間がどう考えるかというより、国民がどう受け止めるかが司法の判断基準となるべきだね」と明快に答えられたのです。

検察の最高レベルの地位にありながら、柔軟な考えの持ち主であることを知り、私は安《あん》堵《ど》しました。

その後、おたがいに気が合うことから、プライベートでのお付き合いが始まりました。彼とはもっぱら、私が経営する焼肉店で会いました。酒豪で、健啖家《けんたんか》で、寡黙《かもく》な人でした。しかし、お付き合いをしている一回り年下の女性と一緒の時は上機嫌で、ちょっとした冗談にも笑顔を見せます。

彼女とのデートを私に見せたのは、私を信頼してくれたからでしょう。最初に会った時に、私が歯に衣《きぬ》着せずに率直な質問を投げかけたことで、この人間は信用できると判断されたようです。人間を長年疑うことで、検事の最高位まで上り詰めた人の直感でした。

「彼女が『中島《なかじま》みゆきのコンサートに行きたい』って言うんだよ」と言われた時には、知り合いのダフ屋からチケットを買い求め、お役に立ったこともありました。

それから二年余りの間、だまされたとはいえ、三回も児童福祉法違反で逮捕されました。本来ならば、間違いなく懲役刑ですが、見えざる手の差配によって執行猶予《しっこうゆうよ》で済むことができたのは、神のみぞ知る「僥倖《ぎょうこう》」です。

第二章

間接否定話法

——最初に肯定してから、ソフトに否定していく

間接否定話法とは

人間は、さまざまな欲望によって存在しています。たとえば、性欲や食欲、睡眠欲といった生命を維持する動物的本能に根差した欲望です。

これら肉体的欲求とは別に、心の欲求を満たしたい本能も持っています。人を愛し愛されたい欲望です。それは、単に男女の恋愛に限られたものではありません。社会生活の営《いとな》みのなかで自分を認めてほしい、認められたい――いわゆる自己承認欲求です。

この欲望を持つことで、人間は文明を発展させ、豊かな文化を築いてきました。自己承認欲求は「人間は名誉のために死ぬことができる」と言われるほど強烈なもので、人間の行動原理を構成しています。

性欲や食欲や睡眠欲には、限界があります。ある程度満たされれば満足し、それ以上求めることがありません。しかし、自己承認欲求には限りがありません。限界を超えて「もっと、もっと」と、とどまるところを知りません。

営業マンは、このような人間の心の底に横たわる強い自己承認欲求を理解し、お客さまと接することが求められます。命と引き換えてもいいとさえ思っている、相手の名誉を傷つけるような話し方は、厳禁です。相手の立場や面子《メンツ》を尊重し、常に肯定的であることです。

こうした人間の赤裸々《せきらら》な実相を頭に入れて、お客さまのお断わり《Nо(ノー)》に対応していくのが、「間接否定話法」です。

具体的には、まずお客さまからの断わりの言葉を、素直に「そうでございますね」と受け入れることから始めます。そのあとで、「でも」「しかし」「たとえば」といったソフトな言葉で反論していきます。

けっして、「違います」「そんなことはありません」「納得できません」など、お客さまの気持ちを逆撫《さかな》でするような話し方をしてはいけません。ましてや、逆上するなど論外です。

物事には順番があります。一から始めて十を数えるように、話し方にも順番があるのです。断わり文句を言われたからといって感情的になり、一から七の順番を飛ばして、八からカウントを始めるような話し方をしてはならないのです。

お客さまの断わり文句を聞いたら、最初に発する言葉は「おっしゃる通りです」「なるほど、そうなんですか」「ご意見はよくわかります」と、お客さまの言葉を肯定することから話を組み立てることを徹底してください。お客さまの自己承認欲求を、〝言葉のマッサージ〟で心地よく刺激するのです。

俗に、貧乏人とは多くを持たざる者ではなく多くを欲する者である、と言いますが、その意味では、誰もが常に自己承認欲求に飢《う》えているのです。

はじめてAVに出演する女性にかける言葉

はじめてAVに出演する女性は、たいてい不安を抱いています。その不安は人によってさまざまです。その不安を尋ねると、「そんなことが不安なのか」とあきれるほど些細《ささい》なこと（汗かきである、口が大きい、女性器の形が変だ、などなど）を気にしている女性も少なくありません。

だからといって、「そんなことはありません」と一方的に否定することはしません。頭ごなしに否定されると、この人は私のことをすこしもわかろうとしてくれない、と嫌悪感を持たれることになるからです。

　前述のように、ＡＶ出演を志願してくる女性は、すでに数百本のＡＶ作品を鑑賞済みで来られます。何をどうしなければならないのか、すべきなのかを十二分に弁《わきま》えています。

　しかし、それらは覚悟を決めて撮影現場に臨《のぞ》んだあとのことです。出演の決心をするまでに、大概の女性は処女喪失時のように、恐れを隠せないものです。唐突に「やっぱりやめようかな」と言うこともあります。それに対して「ここまで来てやめるなんて、あんまりだよ」などと強要するようなことを言えば、逆効果です。

「この人は私の求めている安心を届けようとしてくれない」「自分の都合だけを押し付ける人間だ」との烙印《らくいん》を押されることになります。そうした印象を一度持たれると、あとはどんな耳当たりのいいことを言っても、聞く耳を持ってくれなくなります。

　これから先、どんな時でもあなたの味方になって尽くします、というアピールがあってこそ「それなら一度だけやってみようかな」の〝出来心〟が起きるのです。

　ですから「やっぱりやめようかな」と断わり文句を言われたら、「そうだよね、君みたいな素敵な女性が簡単にＡＶに出演するわけはないよね」と肯定します。そして、「あなたも知っているだろうけれど、あの○○ちゃんもはじめてＡＶのお仕事をした時、同じようなことを言っていたからね」と、彼女の意見に同調するのです。

今やテレビにも出演する有名タレントが、はじめてAVに出演した時に自分と同じようなことを言ったと聞いて、彼女の虚栄心は満たされるわけです。

そして、次のように話を展開していきます。

「簡単に『出演します』という娘《こ》は、制作側からは魅力的に見えないですね。君みたいに消極的で最初は迷うぐらいの娘じゃないと、こちらが燃えないから、いい作品が撮れないんですよ。正直に言うと、君が『やっぱりやめようかな』と言った時、私は心のなかで『やった！』と叫んでいたんですよ」

自分の意見を肯定されたうえに称賛されれば、それ以上に必要な言葉はありません。打ち解けあった関係となり、撮影日や出演料など、スムーズに具体的交渉に入っていけるのでした。

間接否定話法の達人

あざやかな間接否定話法を繰り出される女性がいました。お気に入りで通っていた高級ブランド専門ブティックの店主です。私は五〇歳オーバーと見ましたが、若かりし頃はモデルをなさっていたのではと思うほどスタイルが良く、洋服のセンスも抜群でした。

AV業界の最盛期だった一九八〇年代後半、私が設立・経営したダイヤモンド映像は黒《くろ》木《き》香《かおる》、松坂季実子《まつざかきみこ》、卑弥呼《ひみこ》、桜樹《さくらぎ》ルイ、田中露央沙《たなかろおさ》などのスター女優を何人も抱えていました。

彼女たちへの恩返しにと、私はそのブティックに通いました。店に飾られている超一流ブランドの洋服のなかには、世界でひとつの一点モノも多く、その価格が三〇〇万円でも五〇〇万円でも苦になりませんでした。

なぜなら、彼女たちから、その一〇倍も二〇倍も稼がせてもらっていたからです。たとえば、松坂季実子の作品を毎月一本出せば、一億円は儲かりました。彼女たちへの〝お礼奉公〟のつもりですから、高ければ高いほどいい、とさえ考えていました。

当事者である彼女たちは、どうせ買ってもらうなら、と店内の洋服をあれやこれやと手に取って迷い、決めあぐねていました。

そして、女性店主に「これ、すこし派手じゃありません？」と否定的な意見を言います。対して、女性店主は「そんなことはありませんよ」とは言わずに、「おっしゃる通りですね、もうすこし落ち着いた色のほうがお似合いのような気がします」と同意するのです。

さらに、「お色を別にすると、デザインはお体にピッタリ合って、とてもお似合いですよ。まるで注文したみたいにフィットしています。お洋服は、着心地が大事です。着心地が悪いと不快感が顔に出てしまいますから、どんなお洋服をお召《め》しになられても台無しになってしまいます。お色が気になるようでしたら、上に羽織《はお》るスカーフなどでいくらでも調整できますよ」と、すぐさま補《おぎな》うアドバイスをして、購入へと導くのでした。

多い時には四、五人の専属女優を連れて、そのブティックに買い物に出かけたこともあります。

女優たちの「似合わないんじゃないかしら」「デザインがおかしくない」「もうすこし○○のほうがいいんじゃないかしら」の否定的な問いにも、女性店主は「その通りですね」「よくご存じですね」「ファッションを知っていらっしゃる」と肯定して受けていました。

最終的には、ほとんどの女優が女性店主のアドバイスを聞いて、購入を決めることになるのでした。

彼女の「上手」のおかげで、一晩で六〇〇〇万円の買い物をしたこともございます。これこそ、間接否定話法の見本です。

時には、言葉よりも行動で

一九七〇年代後半、北海道でテレビゲームのリース業をしていた頃、ゲーム機を六台積んだワゴン車のなかには、いつも着替えを用意していました。上下白《じょうげ》のスーツです。

ゲーム機のリース先は札幌、苫小牧《とまこまい》、小樽《おたる》と広範囲にわたりました。設置している喫茶店から「コインが入らない」「テレビ画面の画像が消えた」といったクレームが入るのですが、守備範囲が広いため、すぐ駆けつけることができません。

小樽で連絡が入っても、用事を済ませて、クレームの入った苫小牧の設置先に行くまでに半日もかかります。急いで駆けつけてみると、設置先の喫茶店の店主はご機嫌斜《なな》めで、渋《しぶ》い顔をしています。

「せっかく来たお客がゲームできないなら、と何人も帰ってしまったよ」と言います。設置している喫茶店にとって、もはやテレビゲーム機は利益の元として欠かせないものになっていたのです。

「機械なので、故障することもございます」などの弁解を口にしたなら、逆上しかねない雲行きです。ひたすら平身低頭で謝ります。それでも、相手は「君のところは対応に時間がかかりすぎるから、地元のリース業者に替える」と反撃を加えてきます。

万事休す――の状況ですが、そうしたことを想定して、喫茶店に入る前に白いスーツに着替えておくのです。

「もう一度チャンスをいただけませんか。お詫《わ》びの印《しるし》に、新しいタイプのゲーム機を車に積んできています。そのゲーム機と今すぐに取り替えますすから」と言って車に戻り、ゲーム機の入れ替え作業に入ります。

当時、ゲーム機の重さは三〇キログラム近くありました。大人の男が両手で抱えてもふらつくほどで、ワゴン車から降ろす時には転倒することもしばしばでした。白いスーツに地面の泥が付着して汚れます。その汚れたままで、喫茶店にゲーム機を抱えて入っていきました。

店主は白いスーツに泥をつけている私の姿を見て、「どうしたの」と心配そうな様子です。「いや、そこですこし転んだだけですから、問題ありません」と言って、そのまま新しいゲーム機との取り替えを済ませます。

無残にも汚れた白いスーツを着て、汗をぬぐう私を見て、店主は先ほどまでとは違ってすっかり機嫌を直し、「せっかくだから、冷たいコーヒーでも飲んでいきなさいよ」と自慢のコーヒーをタダで飲ませてくれました。

スーツのクリーニング代など知れたものです。お客さまの「ノー」に対する間接否定話法に代わる、最高のパフォーマンスでした。

身をくねらせた、敏腕セールスレディ

英語の百科事典のセールスマンをしている時は、会社に毎日出勤することはありませんでした。契約が成立して契約書類を届けるために、三日に一度ほど顔を出すくらいです。前述のように、給料は銀行振り込みでしたので、出勤しなくても、契約書を郵送すれば問題はないのですが、会社に行くのには別な理由がありました。

会社の会議室には全セールスマンの成績表のグラフが貼り出され、一目で売り上げがわかるようになっていました。

私は毎週トップ一〇に入ることを目標にしていましたので、他人の成績が気になってしかたがありませんでした。成績表を見て、自分よりはるかに高い成績を上げているセールスマンを確認すると、燃えました。よし、なにくそ、負けるものか、と張り切って、会社を飛び出したのです。

午前九時に会社に行きますと、決まって顔を合わせる、生命保険のセールスレディがいました。「レディ」といっても、中年のオバさまです。しかし、いつも若々しく着飾っていました。とはいえ、装いはけっして派手ではなく、その洒脱さにいつも感心していました。

彼女は、私を見ると「おはようございます」と陽気な挨拶をしてきます。帰る時は「さようなら」ではなく、「ごきげんよう」。同僚によれば、元華族の血筋にあたる、やんごとなき家柄の出身ということでした。

そして、「いかがでしょう」と、条件反射のように保険をすすめてきます。私が「まだ若いからいいですよ」と断わり文句を口にすると、「ごめんなさい。そんなつもりじゃないのよ、誤解しないでね。あなたではなくて、あなたの大切な人のためにおすすめしているのよ」と満面の笑みを見せるのです。

その後、顔を合わせるたびに、彼女が挨拶がわりに口にするのは「あなたの大切な人のために、あなたに代わっておすすめしているんだから、お叱りにならないで」と身をくねらせるのです。その、まるで舞いを踊るような体のくねらせぶりに、つい引き込まれて笑ってしまう自分がいました。

彼女は一時間近く、一〇〇人以上いたセールスマンの間を縫《ぬ》うように歩きながら、「わかってますよ。あなたではなくって、あなたの大切な人のために――ですから」との間接否定話法を何十回も口にし続けていました。

そんな出会いがあって数カ月後、二番目の子どもが生まれました。これを機会に、生命保険に入ろうと考えて、当然のように彼女に声をかけました。「二人目の子どもが生まれたので」もっとも自分に合った保険を提案してくれるよう頼みました。

すると、彼女は「わかってますよ。あなたではなくって、あなたの大切な家族のために、最高のプランをご用意します」と言って、ウインクをしてみせたのでした。

小男《こおとこ》スカウトマンの技

私の知人に、芸能プロダクション所属の優秀なスカウトマンがいます。男の年齢は五〇歳、間接否定話法のプロです。体は小柄で、必ずしも美男子ではありませんが、嫌悪感を与えることのないレベルの「並みの男前」です。

この並みレベルの小男がなぜ好成績を上げるかというと、一度これと狙いを定めたら、嚙みつき亀のごとく離さずに繰り出す、間接否定話法の巧みさにあります。嚙みつき亀のごとくと言っても、警察沙汰《ざた》となるような執拗さではありません。引き際は心得ていますが、簡単に引き下がることはしないのです。

彼が、街角でスカウトしていた頃のテクニックを紹介しましょう（現在は、名刺を渡して連絡をもらう方法に切り替えています）。

彼は、女性に「テレビのお仕事に興味がありませんか」などといった古典的な話しかけはしませんでした。東京の街を歩いているほとんどの若い女性は頻繁《ひんぱん》に声をかけられる経験をしていますので、ありきたりの声がけをしても足を止めることはありません。

彼の口上は「どこの芸能事務所に入っているんですか。モデル系、芸能系、どっちですか。それともエイベックスなどエンターテインメント系かな。教えてよ、教えてくれるだけでいいからさ」でした。

「どこにも入っていません」との答えが返ってくると、「信じられない。嘘でしょ、嘘だよね。だまさないでよ。事務所の名前さえ教えてくれれば、直接事務所に行って話をするからさ。君にピッタリの仕事があるから、どうしても話を進めたいのよ。もったいないよ。一生に一回あるかないかのチャンスなんだから」と畳《たた》みかけます。

それでも、女性が興味を示すことはまずありませんが、小男スカウトマンの正念場はここからです。

「ごめんね、ごめんね。許してね。僕、しつこいでしょ。嫌いにならないでね。ごめん、ごめん。この通り」と、その場で土下座をしかねないほど恐縮し続けるのです。

「『ごめんね』って言うけど、口ばかりじゃありませんか。しつこいですよ。いい加減にしてください」と、女性からお叱りの言葉が飛んできますが、それでも彼は引きません。

「いじめないでよ、悪いことは絶対しないからさ。だってわかるでしょ。力じゃ、君に絶対敵わないよ」

言われてみればなるほど、いざとなったら張り倒せるほど華奢《きゃしゃ》な体に、女性は気づくのです。この程度の男にひるむことなどない、との対抗心が頭をもたげてきます。

「ごめんね、ごめんね。そこの喫茶店で五分でいいから、助けると思って話を聞いてちょうだい」の言葉に誘われて、「五分だけですよ」と断わりつつ、とりあえず話を聞くために二人だけの時間を持つことになるのでした。

第三章

繰り返し話法

――相手の言葉を繰り返して、悪感情を緩和する

繰り返し話法とは

繰り返し話法とは、お客さまが使われた同じ断わりの言葉をそのまま会話に取り入れて、チャンスを摑む方法です。たとえば、「高い」という断わり文句を聞いたら「高いですか、おっしゃる通りです」と、お客さまの言葉と同じフレーズで対応します。

実は、お客さまの放たれた断わりの言葉を営業マンが繰り返すことで、それがどれほど刺激的な言葉であっても、緩和されたものになります。

相手の意見を致命的に受け止め、強引に説得しようとすると、押しつけがましい表現に走りがちです。そしてあせって、つい感情を害する言葉を口にしてしまいます。結果として、相手に「厚かましい奴だ」と嫌悪感を持たれることになってしまいます。

「高い」との断わり文句を聞いたら、「高いですか、おっしゃる通りです」と同じ言葉を繰り返すことで、お客さまは、自分の意見に理解を示してくれた、と営業マンに好印象を抱いてくれます。そして、それ以上攻撃的な反論をしなくなります。この営業マンは自分と同じ価値観を持っている、と受け止めるからです。営業マンの人間性に、誠意さえ感じるようになるでしょう。なぜなら、自分の考えを全面的に受け入れてくれたからです。

お客さまが営業マンに反論するのは、悪意があるからではありません。商品に興味を持っているから、その迷いを断わり文句で表現しているのです。お客さまの断わり文句は、「できることなら欲しい」と思っていることの裏返しの言葉と受け止めてください。

押し売りをされるのではないか、と用心して身構え、「高い」と予防線を張ったお客さまに「高いですか、おっしゃる通りです」との繰り返し話法を使うことは、お客さまの頑《かたく》なな心を解きほぐす効果があるのです。

このように、お客さまの立場に立ち、同じ断わり文句を繰り返すことから始めることで、無用な討論や悪感情を消滅させることができるのが、繰り返し話法です。

お客さまの言葉をそのまま繰り返していたら主導権を取られてしまい、チャンスを失うのでは、との心配は無用です。

お客さまに好かれなければ何も始まらないのが営業の仕事です。お客さまの断わり文句を「おっしゃる通りです」と受け入れて同意することは、営業のスタートラインに立つことなのです。それ以前の商品説明の時間は、ウォーミングアップと考えてください。営業は「断わられた時から始まる」のです。

営業で最後の決め手となるのは、お客さまと営業マンとの人間関係です。お客さまの断わり文句を繰り返すことは、営業マンが「常に、私はお客さまの幸せを考えています」とのメッセージでもあるのです。

怖気《おじけ》づいた新入社員がコロッと変わる

現在のようにパソコン一台ですべてのビデオ編集ができる時代とは違い、一昔《ひと》前のビデオ編集には、大がかりな編集機材が必要でした。編集機の前に座ると、ズラリと並んだ数百のスイッチに圧倒されたものです。

ダイヤモンド映像時代、新入社員に編集を学んでもらおうと、編集機の前に座らせました。彼は、そのスイッチを見ると怖気づいて「とても僕には扱えそうにありません。編集の学校に行かせてください」と、絶望的な声を上げました。

私は「そうだよね、まるで飛行機の操縦席のようで、これだけ沢山《たくさん》のスイッチがあったら、何が何だかわからないよね」と、彼と私の考えが同じであることを伝えました。相手を説得しようとすれば、相手に同調し、それを理解することから始める＝繰り返し話法を実践したのです。

「でも、心配いらないよ」と、私は言葉を続けます。

「さまざまなスイッチが並んでいるけれど、飛行機と違うのは、スイッチを間違ったからといって故障したり、爆発したりすることはないから安心しなさい。映像がモニター画面に映らなかったり、音が出なかったりするだけだよ。それに、編集機のスイッチをめちゃくちゃにいじっても、編集機が壊れる心配はないから、思う存分失敗してくれ」と言い放ち、実際に目の前のスイッチをワザと手あたり次第に荒々しく扱ってみせました。

彼は目をシロクロさせていましたが、「君も好きなスイッチをいじってごらん」と声をかけると、恐る恐るスイッチに手を伸ばしました。

かくて編集の練習がスタートし、彼は一週間も経たないうちに編集機の操作をマスターしました。この時の新入社員は現在、日本最大手AVメーカーの会長職の座にございます。

自衛官に英会話教材を売る

一九七二年、私はグロリア・インターナショナル日本支社を退社し、北海道に移りました。前職で日本人の英語学習熱を感じていた私は、英会話教材とテープレコーダーをセットにして売ることを考えつき、早速実行しました。

ある日、札幌市内の狸小路《たぬきこうじ》でキャッチセールスをしていると、向こうから自衛隊の制服をビシッと着こなしている青年が歩いてきます。

いつものように「すみません。二、三ご質問させていただいてよろしいでしょうか」と声をかけると、自衛官の青年氏は「はい、いいですよ」と快《こころよ》い返事。「英会話の必要性をお感じですか」という定石《じょうせき》通りの質問には、「特に感じることはありません」と否定的な答えが返ってきました。

私が「そうですよね。英語より、毎日の訓練で大変でしょう」と賛同すると、彼は「はい、必死にがんばっています」と目を輝かせます。私はそのたたずまいに特別なものを感じて、「失礼ですが、何か特別な任務にお就きになっている方でしょうか」と申し上げると、「オリンピックの強化選手です」とのこと。自衛隊に在籍し、射撃が得意なことから、バイアスロンの強化選手に選ばれているそうです。

「それはご苦労さまです。すこしだけのお時間で結構ですが、その競技についてうかがわせてくださいませんか。何しろ、日本代表のスポーツ選手とお話しするのははじめてですから、勉強させていただきたいんです」とお願いをしたのです。

青年は「すこしだけなら」と承諾してくださり、近くの喫茶店に二人で入りました。それからたっぷり二時間近く、バイアスロンの競技とはいかなるものか、どうしたところに魅力と苦労があるかの講説をうかがいました。

話の途中で、遠征でヨーロッパに行く機会がたびたびあることを知りました。

「外国人選手とテクニックの交換をするにしても、語学力が必要ではありませんか」と話を向けると、「そうですね、英語がすこしでも話せれば助かるんですが」と向こうから興味を示してきました。

もし、最初に声をかけた時に「特に感じることはありません」に過剰反応して「そんなことはないでしょう」と畳みかけていたら、けっして生まれない言葉でした。

もちろん、もっとも関心があるのは毎日の厳しい訓練に耐える精神力と肉体の強さであり、英語によるコミュニケーション能力は二の次です。しかし、自分がいかに厳しい条件下で鍛錬を積み重ねているかを理解してもらえたことで、次の課題である「英語による外国人選手とのコミュニケーション力」に関心が移ったのです。

彼と別れる頃には、契約をいただいていました。その後、彼が札幌オリンピックに出場して活躍した折には、テレビの前で釘づけになり、喉《のど》も裂けよとばかりに大声で声援を送ったことは言うまでもありません。

老女に英会話教材を売る

北海道稚内《わっかない》市から名寄《なよろ》市に向かって国道を二時間ほど走ると、音威子府《おといねっぷ》村があります。陸の孤島と言ってもいい場所です。その国道を、英会話教材とテープレコーダーが入ったアタッシュケースを持って歩いていました。厳冬の北海道です。折しも吹雪に見舞われて、一メートル先も見えない状態でした。

体力は極度に消耗《しょうもう》していました。このままでは行き倒れになるかもしれない、そんな恐怖に襲われました。気がつくと、灯《あか》りが見えます。「食堂・喫茶」の看板が出ています。

転がり込むように扉を開けて、店に入りました。

「いらっしゃいませ」と、店主と思われる老女が声をかけてきました。「すみません、ホットコーヒーをお願いします」と注文すると、「明治ですか、森永ですか」と聞いてきます。何と、インスタントコーヒーを出していたのです。北海道の人里離れた村では、それで商売が成り立った時代でした。

一般の喫茶店で出されるコーヒーカップの三倍はあるような「明治のインスタントコーヒー」をすすっていると、冷えた体が芯から温《あたた》まってホッと一息つきました。この店と巡り合っていなかったら、危《あや》うく遭難するところでした。

「お兄さんはどんな商売をしているの」と、老女が話しかけてきました。「英会話教材を売っているんですよ」と答えると、「英会話は、もうすぐ冥土《めいど》に行く私には必要ないからねえ」と老女は笑いました。

「そうですね、必要ないかもしれませんね。お母さんがあと三〇年若かったら、何としても買ってもらうんですが」と繰り返し話法の冗談を言い、老女の話に合わせました。

「今、何を勉強してみたいですか」と話題を変えると「そうだねえ。死んだおじいさんに毎朝あげるお経をもっと上手に上げられるようになればいいねえ」と寂《さび》しげな表情を見せました。

「おじいさんは幸せですね。毎朝、恋女房の上手なお経を聞けて。私も齢《とし》を取ってあの世に行ったら、毎朝いい声を聞かせてお経を上げてくれる女房をもらいたいですよ」と言うと、老女は意外にもはにかみの表情を見せました。

それから四時間余り、外の吹雪がやむまで、その店に厄介《やっかい》になりました。そしてお店を後にする時には、老女から契約をもらうことに成功していました。札幌の女子高に通う孫娘へ、祖母からのプレゼントです。

老女が「冥土へ行く私には必要ないからねえ」と断わりの文句を最初に言った時、繰り返し話法による冗談「お母さんがあと三〇年若かったら」が決め手になりました。この若僧、なかなか憎いことを言う、と心を開いてくれたのです。命拾いしたお店の老女への、心からの感謝の気持ちと繰り返し話法が勝利を呼び込んだのです。

有名人をAVに出演させる

現在の羽田《はねだ》空港の場所に、以前は東急系のお洒落なホテルが建っていました。庭にはプールがあり、南国風の樹木が植えられていました。広い芝生の彼方に東京湾の海面が見える、トロピカルな雰囲気でした。その場所でキャンペーンガールのプロモーションビデオの撮影を行ないました。

なかには、その年のクラリオンガール・蓮舫《れんほう》さま（現・参議院議員）もいましたが、私の本命は、外国の一流ブランドのモデルとして有名だったアニータ・カステロ嬢です。噂では本木雅弘《もときまさひろ》氏の元彼女で、当時は巨人軍の桑田真澄《くわたますみ》投手の恋人であることをスタッフから聞かされていました。彼女は、なかなかの発展家でした。

その彼女がAV出演したなら大変な評判となり、ビッグビジネスになることはわかりきっています。彼女は、日本語も理解できました。離れたテラスにデッキチェアを出して二人きりになりました。口説くチャンスです。

私は「AVに出演してみませんか」と、単刀直入に切り出しました。「えー、私がAVに？　信じられない」と、彼女は驚いた声を上げました。「信じられないでしょう。ごめんなさいね」と繰り返し話法です。「どうしてAVがイヤなの」と優しく問いかけます。「どうして？　当たり前でしょ、恥ずかしいじゃないの」と言いながら、顔を赤く染める彼女。「恥ずかしいですよね。当たり前だよね」と再び繰り返し話法です。

「将来は何になりたいの」と話題を変えると、「故郷のハワイに帰って、タクシー会社を経営するのが夢なのよ」と遠くを見るような目をしました。「ハワイに帰ってタクシー会社を経営するなんて、夢があるよね」と三度《みたび》の繰り返し話法です。

「そうよ。日本から来る沢山の観光客にタクシーで案内して楽しんでもらいたいの」と生き生きと語りました。

「あなたのタクシーでハワイ観光とは、楽しみだな」と言って、「その夢を実現しようよ」と畳みかけました。

「実現するといってもお金がないじゃない」

「そのお金を僕が出してあげるから、心配ないよ」と迫ると、彼女は「本当？　信じていいの？」と大げさに抱きついてきたのです。

それから、プールサイドに赤い夕陽が差す頃まで、撮影をスタッフに任《まか》せきりにして彼女と二人きりで話し続けました。そして、出演料三〇〇〇万円×二本＝六〇〇〇万円を支払うことで、彼女はAVに出演することを了承したのです。

彼女の作品は大ヒットを飛ばしました。そして、彼女は六〇〇〇万円を手にして故郷ハワイに帰り、子どもの頃から憧れていたタクシー会社のオーナーとなったのです。

父親の怒りをなだめる

その女性は大学を卒業したばかりでした。就職先は一部上場企業でしたが、英語の百科事典のローン契約では、保証人が必要です。彼女から、保証人は父親がなることを伝えられ、契約書の保証人欄に署名・捺印《なついん》いただくために、彼女の父親が役員をしている一部上場の保険会社を訪問しました。

会社は東京駅の八重洲口《やえすぐち》にありました。受付で用件を伝えると、役員専用の豪華な応接室に案内されました。応接室に現われた父親は一八〇センチメートルほどの長身でした。日常的にスポーツを嗜《たしな》んでいるのでしょうか。日焼けした精悍《せいかん》な顔立ちをしています。英国紳士然とした風貌です。

「で、どういうこと？」と、父親は鋭い目線を向けてきました。「はい。私はアメリカのシカゴにある……」と自己紹介をして、説明を始めました。すると、父親は「商品の説明は娘から聞いているから、必要ありません。娘とどこで知り合ったのか、を聞いているんです」と詰問口調です。

娘が良からぬ男にだまされて押し売りをされているのでは、と疑っているようでした。

「お嬢さまには、バス停にいらっしゃる時に声をおかけして、それから商品のご説明をさせていただきました」と正直にお話ししました。

「バス停で声をかけた？　随分《ずいぶん》と乱暴なやり方をしているんだね」と憮然《ぶぜん》としています。

「乱暴なやり方だったと反省しています」と、私は素直に頭を下げました。

「悪いけど、君が紹介している教材で娘の英会話能力が上達するとは思えないんだが」と断定的に否定されました。

「おっしゃる通りです。私がご紹介する教材だけで、英会話の能力が上達することはないと思います」と繰り返し話法で返答します。

「それにしても、この程度の英会話教材にしては高すぎるんじゃないか」

「おっしゃる通りです。英会話教材にしては高すぎると思います。申し訳ございません」と頭を下げました。これも繰り返し話法です。

するど、父親は「僕は娘の判断したことに文句をつける気持ちはサラサラないよ、ただ娘がどんな人間から買ったのか確かめておきたかっただけなんだ、気を悪くしないでほしい」と言って、応接テーブルの上に開いた契約書の保証人の欄にスラスラとペンを走らせて、印鑑を押してくださいました。

別れ際には握手を求められ、「娘を頼むよ」と肩を叩かれました。応接室から出て行く父親を見送りながら、この父親にしてあの娘ありか、と契約当事者である父親似のお嬢さまに、ほのかな恋心を抱いたのでございます。

奥様の怒りをなだめる

その喫茶店の隣は、店主の奥様が経営なさっている美容室でした。喫茶店のマスターであるご亭主はテレビゲームを設置することに同意をしてくださいましたが、奥様はどうにも首をタテに振ってくれません。

「喫茶店は静かな雰囲気でコーヒーの香りを楽しむ場所よ。言わば応接室なのよ。その静かに過ごす応接室にテレビゲームを置くなんて信じられないわ」と頑なに反対なされるのでした。

ご亭主は典型的な「髪結《かみゆ》いの亭主」で、奥様には頭が上がらず、一言半句も反論できません。奥様の美容室の稼ぎで、隣に喫茶店を開いていたのです。立地は良く、大きな駐車場もあることから、二〇席ほどある喫茶店はいつもお客さままで賑《にぎ》わっており、ここにテレビゲームを設置することができたら、相当のビジネスになることを予感しました。

私は、奥様を納得させる計画を立てました。奥様の経営する美容室に三日に一回通うようにしたのです。

最初は「せっかくだけど、いくら来てもらってもテレビゲームを置くことはできないわよ」と、けんもほろろでした。「そんなんじゃありませんよ、三日に一回頭を刈ってもらわないと、すっきりしない性質《たち》なんです」と言って椅子に座り、奥様にハサミを入れてもらいました。

「最近の喫茶店っておかしいわよね。どこもかしこもテレビゲームばかりで、お客さんがゆっくりできないじゃない」と、鏡に映った奥様は眉《まゆ》をひそめています。

私は「お客さまがゆっくりできないんじゃ、駄目ですね」と相槌《あいづち》を打ちました。

「ウチの亭主なんてお客さんのことを考えないで、すぐお金さえ儲かればいいと自分本位に走るから駄目なのよ」と、奥様の不満は、ご亭主の商売に取り組む姿勢にまで及びました。

「自分本位とは耳が痛いです。すみません」と繰り返し話法で詫びると、「本当よ。あなたも若いんだから、お金儲けにあせってお客さんのことを忘れちゃ駄目よ。そんな自分勝手な生き方をするんだったら、頭を丸刈りにしてやるから」とお茶目な仕草を見せます。

奥様は気のいい女性でした。喫茶店にテレビゲームを入れることはできませんでしたが、テレビゲームの設置先の小樽からは子持ちニシンの上物《じょうもの》を、夕張《ゆうばり》からは最上級のメロンを、といったお土産を持って、変わらずに三日に一回は奥様の美容室に通いました。

そんなことが一カ月ほど続いたでしょうか。いつものように美容室に行くと、奥様から「昨日の夜、ポーカーゲームで亭主に負けちゃったから、テレビゲームを入れていいことにしたわ。ついでに美容室にも一台入れて頂戴」と、嬉しいご注文をいただいたのです。

その後、その喫茶店には一〇台のテレビゲーム機が設置され、一日五万円の売り上げを上げる優秀店となったのでした。

新入社員に注意する

幼児が母親に「好き」「欲しい」と言っています。母親は「駄目よ」とは言わずに、「そう、好きなの。欲しいのね」と優しく語りかけます。幼児は母親が自分の意見を聞き入れてくれたことで安心し、愛くるしい笑顔を見せます。

手に入れても、すぐ飽《あ》きてしまうことは目に見えています。幼児が欲しかったのは、モノではなく自分のわがままを聞き入れてくれる母親の底なしの愛情です。私たちには、この「自分の意見を聞き入れてもらう」繰り返し話法によって安らぐことのできるＤＮＡが刻《きざ》まれているのです。

お客さまが望んでいる商品のみならず、愉快に思う心を届けるのが営業マンの仕事です。営業マンはこの母親のように、お客さまの言葉を繰り返すことでお客さまからの好意を勝ち取らねばなりません。

ダイヤモンド映像を経営していた頃、毎朝九時半にならないと出社しない新入社員がいました。明朗快活な性格で人当たりも良く、社内の人間関係も円満で仕事もできる、申し分のない男でしたが、朝九時と決められている出勤時間に、いつも三〇分遅れて来るのです。

入社してから一週間ほどは黙認していましたが、他の社員の手前、そのまま見逃すわけにはいきません。その日も九時半過ぎに出社した彼を、社長室に呼びました。

「どうして、毎日三〇分も遅刻をしてくるの?」と尋ねました。すると、彼は「僕は、フジテレビの女子アナウンサーAちゃんが大好きなんです。僕は毎朝、彼女の番組を観ないと一日が始まらないんです」と悪びれた様子もなく語ります。

「そうなのか。あのAちゃんが好きなのか。朝、彼女を見ないと一日が始まらないんだね」と繰り返し話法で、穏やかにうなずきました。

「そうなんです。彼女がテレビに出ている顔を見るのが、僕の生き甲斐なんです」と愛の告白のように熱を帯びて話すのです。彼にとって、Aちゃんは彼女以上の、もはやかけがえのない存在なのでしょう。

私は「生き甲斐か、わかった。ありがとう、勉強になったよ」と言って、彼に自分の席に戻るように言いました。

それから、彼が九時半出勤を続けても注意をすることをしませんでした。確かに三〇分の遅刻は続きましたが、仕事はシッカリとこなしていたからです。主に営業の仕事を担当していましたが、取引先の評判も良く、これまでにない営業成績を上げてくれていたからです。

また、その人懐《ひとなつ》っこさが皆に好かれて、社内の人気者となりました。歌も玄人《くろうと》はだしで、週に一回は彼を囲むカラオケ大会が開かれて、社内の円満な人間関係に大いなる力を発揮してくれました。あの時、頭ごなしに叱っていたら、あるいは見て見ぬ振りをしていたら、彼という人材を失っていたでしょう。

悪徳業者に文句を言う

ビニ本時代のことです。ビニ本の発売日を、毎月「五」のつく日＝五日、十五日、二十五日にしていました。発売日前日まで全国の取引業者から注文を募《つの》り、発売日に一斉発送するのです。

ところが、横浜《よこはま》の取引業者（通称・カバン屋）から、「発売日の二日前に地域のビニ本店にお前のところの本が並んでいる。どういうわけだ」とクレームが入りました。お客を奪われた、とカンカンです。

「そんなことはないと思うのですが」と抗弁すると、「論より証拠、そのビニ本店から買った本を持って行って見せてやる」と言います。数時間後、横浜から車を飛ばしてきた彼が持参した三冊のビニ本を見て仰天《ぎょうてん》しました。三冊とも、二日後に発売を予定していた私の会社のビニ本でした。

「何ということだ」と愕然《がくぜん》としましたが、犯人を突き止めなければなりません。思い浮かぶのはある印刷会社の会長でした。帝国陸軍の生き残りで、戦場で敵から撃たれた三発の銃弾が体を貫通した傷跡が自慢の頑固《がんこ》おやじです。

早速出向いて、証拠のビニ本を突きつけ、「どういうことだ」と問い詰めました。すると、会長は悠然と煙草を燻《くゆ》らせながら、「あんまり年寄りをいじめるもんじゃないよ」と言うのです。

罪を認めるどころか、説教を垂《た》れてきました。しかし、この偏屈《へんくつ》おやじ相手に、〝切った張った〟をしてもしかたがありません。ここは二度と同じ間違いをしないように、と因果を含めることが得策と考えました。

私はまず「お年寄りをいじめることになりますが……」と低姿勢で出ました。許せない思いを抱きましたが、会長の印刷所以外にビニ本を印刷してくれるあてが他にない事情がありました。

「そうだよ、お前さんだっていつかは年老いて俺のようなジイさんになるんだ。老い先《さき》短《お》いジイさんをつかまえていじめたら、ロクなことにならないよ」と窘《たしな》めるような口調です。「その通りですね。いずれ、私も会長のように齢を取るんですから、年長者に失礼なことを言ってはいけませんね」と繰り返し話法で穏やかに返しました。

すると会長は「一回だけだよ、一回だけ。もう二度と横流しなんか許さないから心配するな」とまるで自分以外に他に犯人がいたような口ぶりなのでした。会長には会長のプライドがあって、素直に自分の非を認められないのです。

その後、会長の言った通り、発売日前に横流しされることはなくなりました。歯を食いしばって口にした「お年寄りをいじめることになりますが……」の繰り返し話法が会長と私を救ったのです。

壊れそうなチームを救った、ある決断

アメリカのハワイで、一五人のスタッフと共に〝お縄《なわ》頂戴〟となったことがあります。一九八六年十二月、私たちは旅券法違反、マン・アクト法（売春など不道徳的な目的による入国）違反などによって、逮捕されました（コードネーム「トラ・トラ・トラ」、逮捕時の顚《てん》末《まつ》は167〜168ページで詳述）。

その後、裁判を経て翌年八月に帰国するまでの約九カ月間、ホノルルで勾留《こうりゅう》生活を送ることになったのです。

私は、日本でも逮捕経験を持っておりましたが（いわゆる前科者でございます）、一五人のスタッフははじめての経験です。「監督を信じてついてきたのに、なぜこんな長期間、異国の地で裁判の日々を送らなければならないのか」と、スタッフの不満が私に集中しました。

私はと言いますと、裁判で懲役三七〇年（！）を求刑されておりました。しかし、スタッフの場合はいくら重くても国外追放処分になる程度の罪にしかならないことを、裁判を担当していたアメリカ人の顧問弁護士から聞かされていました。彼らは慌《あわ》てることも騒ぐこともなく、裁判の結果を待っていれば帰国できることは明らかでした。

しかし、一五人のスタッフにはそれぞれの思惑《おもわく》がありました。全員が私の会社の社員ではなく、メイクやスタイリスト、カメラマンや男優など、外部の人間も含まれていました。

私はひとりひとりの不満を解消させるため、毎日、話し合う時間を持ちました。「今何をしてほしいか」「何をしたいのか」と心の内を聞いたのです。

「恋人と会いたい」と訴える者がいました。私は「恋人ね。会いたいだろうね」と繰り返し話法で接しました。そして恋人を日本から呼び寄せるためのチケットの手配をしました。費用は当然、私が負担しました。

「運転免許の書き換えをしたい」と要求する者もいました。「運転免許がなくなったら困るよね」とこれも繰り返し話法で同意しました。ホノルルの裁判所に運転免許の書き換えのための一時帰国申請をして許可を受け、日本に帰国させることができました。

逮捕されたスタッフ全員に給料を支払い、外部スタッフには滞在中にしかるべき収入の保証をしました。

なかには「この機会に病気療養中の両親に、ハワイ旅行をプレゼントしたい」という親孝行者が出現しました。私は「病気療養中のご両親に親孝行してあげてください」と繰り返し話法でチケットの手配をして、ハワイでの滞在費をボーナスとして渡しました。

何としても逮捕された一五人が仲間割れすることなく裁判を闘い、日本に帰らねばなりません。そのために必要なのは忍耐と寛容、そして繰り返し話法でした。

結局、裁判は一五人のスタッフが全員無罪、私が二八〇〇万円の罰金を払うことで決着しました。弁護士費用が五〇〇〇万円、ハワイの滞在費が約二五〇〇万円、合計一億円余りを費やして帰国しました。

あの時、辛抱強く繰り返し話法で人間関係の絆《きずな》を深めていなければ、今頃まだアメリカの塀の内側にいたかもしれません。

泣いたAV女優の真意

　私がダイヤモンド映像の経営者兼監督兼男優だった頃のこと、専属女優がある日、片目に眼帯をしていました。顔が商売のお仕事です。驚いて「どうしたの」と尋ねますと「父親にAVに出演したことを知られて殴られた」と言うのです。

「お父さんに殴られたの？」と鸚鵡返《おうむがえ》しに尋ねていましたが、内心では可愛い娘の、それも大切な顔を殴って傷つけるとは、何という父親だと憤《いきどお》っていました。

「かわいそうに、ごめんなさいね」と謝罪の言葉が口をついて出ました。彼女をAV女優になるようにと口説いたのは私だったからです。

「気にしないでください。誰も悪いわけじゃありませんから、悪いのは私です」と父親思いの健気《けなげ》な娘でした。

「悪いのは私だなんて、僕も悪いんだよ」と繰り返し話法で彼女を慰《なぐさ》めます。

「すみません、監督。ご心配かけて」と、彼女は私の胸に顔を埋《うず》めてきました。彼女の香水の甘酸《あまず》っぱい匂いが漂《ただよ》い、愛おしさで彼女を力一杯抱きしめました。

　それから二週間後、再びオフィスで彼女と会いました。今度は二週間前とは逆の、もう一方の目に眼帯をしていたのです。

私は驚いて「どうしたの、またお父さんに殴られたの？」と声をかけると、「すみません」と言いながら涙ぐむのです。「すみませんなんて、何を言うんだ。すみませんは僕のほうだよ」と知らず識《し》らず繰り返し話法を放っていました。

しかし、内心では彼女の父親のことを「くそおやじ。たとえ実の父親でも二度まで娘の顔に傷をつけるなんて」と猛《たけ》り狂っていました。

彼女はまたもや、私の胸に顔を埋めてきました。彼女のいつもの香水の甘い香りを嗅《か》ぎながら、私は彼女の父親に殴り込みをかけることを考えていました。「いくらなんでも」と許せなかったのです。

私は鬼の形相《ぎょうそう》でオフィスを飛び出しました。すると、うしろからメイクの女性が慌てて追いかけてきます。

「監督さん、あれは彼女が目の瞼《まぶた》を整形したための眼帯です」

真実を知ってしまえば、何のことはない結末でした。その場で棒立ちになっている私に、メイクさんは「でも、彼女は監督さんに感謝していましたよ。『私の言うことを信じてくれた。私のためにあんな風に怒ってくれた人ははじめて』って。『監督さんには一生ついて行きたい』そうです」と言うのです。

怪我《けが》の功名《こうみよう》でした。以来、彼女はそれまでにも増して仕事に情熱を注ぎました。そして押しも押されもせぬ人気者となり、出演作は軒並み一作品の売り上げが一億円を超えるスター女優へと上り詰めたのです。

相手の言葉を反芻《はんすう》するだけに見える繰り返し話法ですが、その効果はとても大きいのです。

第四章　実例話法

――具体例を示すことで、説得力・親近感・安心感が増す

実例話法とは

お客さまは営業マンから商品説明を聞いたあとに、さまざまな迷いを持ちます。「この商品は自分に相応《ふさわ》しくないのでは」「自分には高すぎて支払いができないのでは」「この営業マンはうまいことを言ってだまそうとしているのでは」などです。

こうした疑心暗鬼に、同じ悩みを持っていた別のお客さまの例を列挙して応酬するのが実例話法です。具体的な例を出すことで説得力・親近感・安心感が増すわけです。実は、営業マンにとって、もっとも効果が期待できる話法です。

有名人が出演する「私もこれで○○できました」「私は○○が好き」などのテレビCMがあります。視聴者は、眉唾《まゆつば》ものと思いながらも、この人が言っているのだから多分本当だろう、と信じて消費行動をします。家や車といった高額商品でも、有名人が推薦しているというだけで興味を持ち、消費意欲が刺激されるのですから、いかにこの実例話法が有効であるかがわかります。

英語の百科事典のセールスマン時代、この実例話法が決定打となって、本当に多くの契約を得ることができました。

私が使ったのはズバリ、それまでお客さまから獲得した契約書です。一〇〇通ほど契約書のコピーの束《たば》をファイルにまとめ、いつもアタッシュケースに入れていました。相当に嵩張《かさば》るのですが、必ず携行しました。

このファイルには、これまで契約いただいたお客さまの多種多様な職種・年齢・性別・月収などが記載されています。これが水戸黄門《みとこうもん》の印籠《いんろう》の葵《あおい》の紋所《もんどころ》よろしく、威力を発揮しました。

たとえば、公務員のお客さまが「自分には必要ないと思う」と発言すると、たちどころに国家公務員、都や市の職員、といったお客さまの契約書のコピーを見せました。

「こちらのお客さまはあなたさまより一〇歳年上の三七歳で、市役所にお勤めになられていますが『この齢になってやっと英語を勉強する気になった』とやる気になっていただきました。国際化社会の時代、外国人の居住者も多くなり、英語くらい話せないようではまともな市民サービスができない、とお考えになられたからです」

さらに、その他の公務員の方々の契約書のコピーをご紹介しました。お客さまは契約書のコピーを穴が開くほど見ると、「それでは僕もやってみますか」と契約書にペンを走らせるのでした。他人の契約書を見ることで安心すると同時に、対抗心が燃え上がるのです。

もちろん、現在では「個人情報保護法」という法律があり、安易に契約書のコピーを見せることはできませんが、同じ職業や学歴を持つ人が契約した例を伝えることは効果が高いでしょう。その最たるものは、家族や知人・友人の紹介です。

古くて新しい、手紙の力

私は、契約をしていただいたお客さまには必ず、手書きのお礼状を出しました。けっして字は上手なほうではありませんが、感謝の思いを込めて、一字一字丁寧《ていねい》に書きました。そして、どんなに疲れていても必ずその日のうちに書き、翌日ポストに入れることを習慣としていました。

一通の手紙を書き終えるのに三〇分はかかるので、四人から契約をいただいた夜は、書き終えるのに二時間以上かかりました。

手紙は「本日は貴重なお時間を拝借させていただき、誠にありがとうございました。このたびご紹介した英語の百科事典と英会話教材のセットは、来《きた》る国際化社会を迎えて必ずや○○さまの戦力となるものと確信しています」といった決まり文句から書き始めるのですが、通り一遍の感謝の手紙とならないように気をつけました。

お客さまと会った時に受けた印象や、会話のなかでもっとも記憶に残っていることを素直に書きました。また、髪型や洋服のセンスなど、私が好ましいと思ったことも遠慮なく書き添えました。そうすることで、ただのビジネスレターではなく、親近感を持つメッセージを届けることができると考えたからです。

このお礼の手紙は、「クーリング・オフ」が有効な〝魔の四日間〟（現在は八日間）を克服することに効果がありました。ご契約いただいたお客さまから、ほとんどキャンセルがなかったことは、この心からの感謝の手紙によるところが大《だい》であったように思います。

さらに大きな力となったのは、お客さまからの返礼の手紙です。だいたい、一〇人のお客さまに手紙を出すと、二人から返信をいただきました。

その内容は「あなたと会って英会話の勉強をする意欲が湧《わ》きました。機会をつくっていただいたことを感謝します」といったセールスマン冥利《みょうり》に尽きるものでしたが、大きかったのは、それらの手紙を営業現場で実例話法としてお客さまに紹介できたことです。営業という仕事が難しいのは、初対面のお客さまになかなか自分の誠意を証明できないことです。しかし、このお客さまからの「返礼の手紙」は何よりの担保となりました。手紙をくまなく読んで、「わかりました。僕も仲間に入れてください」と契約してくださった人もいました。

営業現場では、「何を言ったか」だけでなく、「何をしてきたか」が問われます。その意味では、実例話法は最強の力を発揮します。

お客さまがお客さまを説得する

よほど個性的な人生を歩んでいる人間は別として、多くの人は他人と同じであることを求めています。皆と同じ格好をしたり、同じ考えを持ったりすると、安心します。逆に、皆と違うと不安になります。人間とは、同一性を好む保守的な生き物なのです。

以前、ユニクロは「安物」のイメージがありました。しかし、ブランディングに成功し、今ではお洒落なイメージが定着しています。安物を着ている、と思われたくないからと敬遠されていた若年層に受け入れられて、飛躍的な成長を遂げたのです。

ルイ・ヴィトンのバッグやバーバリーのマフラーが長らく人気があるのも、この「皆と同じでなければ不安になる」消費傾向に根差しています。営業マンにとって、この志向を利用しない手はありません。商品が、他の多くの顧客に愛されていることを個々の実例話法で紹介するのです。

英語の百科事典のセールスマン時代、最終的に採《と》った方法は、実例話法の究極とも言えるものです。お客さまとの会話を重ねても埒《らち》が明かない時、目の前で、過去にご契約いただいたお客さまに電話をします。そして、電話の向こうのお客さまに対して、購入後の今日までの感想を話してもらうのです。

お客さまのほとんどは社会人でしたから、勤め先に闇雲《やみくも》に電話をすることはできません。そこで電話先を、私の行きつけのお鮨《すし》屋の店長にしていました。これはサクラでも、ヤラセでもありません。店長は、実際にご購入いただいたお客さまでした。

電話口に出た店長に事情を話し、お客さまと電話で話してもらいます。すると、お客さまは遠慮しつつも、これまで購入してどの程度勉強が進んだか、購入して後悔していないか、など直接的な質問をされます。もちろん、お客さまには予《あらかじ》め、質問しづらいことでも遠慮なくお聞きするよう、頼んでいました。

購入している経験者の影響力は絶大でした。電話で話し終えると、ほとんどの方が契約をしてくれました。

くどいようですが、この話にカラクリはありません。あるとすれば、私はその鮨屋に週に二回は通う常連客であった、ということだけです。店長の人柄の良さを見込んで、実例話法にお力を貸していただいたのです。将来はアメリカに行って鮨屋を開業することを夢見ていた店長にとって、英会話は切実な問題であっただけに、その必要性を力強く説いてくれたのです。

こんな時は写真を使え

私は現在、中国で、日本のエンターテインメントの紹介事業を進めているのですが、ビジネス現場でスマートフォン（スマホ）を活用しています。具体的には、有力者や契約者とのツーショットをスマホに残しておき、ここぞという場面でそれを見せるのです。

相手が驚くような人物と固い握手をしている写真を見せれば、これ以上の信用のバロメーターはありません。海外のビジネス、特に中国ではその傾向が強いことを実感しています。写真は言葉以上に大きな力を持っており、形を変えた実例話法なのです。

女性をAV出演に口説く時にも、この写真の力を借りました。「親や知人、ボーイフレンドにAV出演を知られたくない」と言う女性には、有名AV女優のメイク前とメイク後の写真を比べて見せました。彼女は、メイク前後で別人のようになった顔を見て、「信じられない」と驚きを隠せませんでした。

「このように、あなたもメイクの力で別人になることができるのですから、心配しなくても大丈夫ですよ」と説得しました。女性でしたらご理解いただけると思いますが、メイクによって、女性は別人になることができるのです。

また、これまで撮影してきた女性たちとのプライベートな写真を見せることもありました。ファイルには数百枚の写真が収められており、そこにはAV女優だけでなく人気アイドルや女優も写っています。そうした写真を見せることによって、これまでどのような仕事をしてきた人間かを理解してもらい、信頼を獲得できるのです。

「バストが小さいから自信がない」と言う女性には、バストが小さい女優の写真を見せました。

女性は太っている・やせている、背が高い・低い、色が黒い・白い、とそれぞれにコンプレックスを抱いています。他人からすれば笑ってしまうほどのことですが、当の本人はそのことで真剣に悩んでいます。そんな時は百の能書きより、たった一枚の写真が威力を発揮します。

「彼女の瞼《まぶた》は一重《ひとえ》だけど、一重のクールで冷たい感じが魅力的だ、と人気者になりました。だから、あなたもご自分の一重瞼を気になさらなくても結構ですよ」と穏やかに話すだけで、深くうなずいてくれます。

「黒い黒いがダメならば、山のカラスは後家ばかり」との言葉があるように、美の基準はそれぞれで、女性美には多様性があります。女性に、あなたの美しさは唯一無二であることの自信を持っていただくには、このケースを参考にされてはいかがでしょう。

非日常的演出

写真の効果に疑いを持つ人は、海外の煙草のパッケージをご覧ください。そこには、煙草を吸うことで肺癌《がん》になった人の患部写真などが印刷されています。煙草をやめさせようとして、その害を言葉で説くよりも、一目瞭然で説得力があります。

写真以外にも、言葉を使わない実例話法があります。私は女性にＡＶ出演を口説く時、基本的に会社の応接室に招きました。白いグランドピアノが置かれ、ロココ調のエレガントな応接セット、天井からは豪華なシャンデリアが吊り下がり、異次元の雰囲気を醸《かも》し出しています。

そしてお客さまである女性に、ＡＶ女優でありテレビタレントとしても活躍している黒木香嬢がおしぼりを運んできます。入れ替わりに、巨乳で有名な松坂季実子嬢が冷たい水をテーブルの上に置いていきます。続いて、元ミス日本の卑弥呼嬢がコーヒーを、ＮＨＫドラマにも出演した元アイドル・桜樹ルイ嬢がケーキを、それぞれテーブルに運んできては、にこやかに挨拶をして応接室から出て行きます。

目の前の女性にとっては、テレビや週刊誌で見たことのある顔ぶればかりです。やがて、女性は歩むべき道を示されたことを悟《さと》り、「私もがんばります」と競争心を燃やすことになるのでした。これも、実例話法です。

ところで、会社の専務には、トップAV女優・沙羅樹《さらいつき》嬢の父親に就いてもらっていました。「両親に反対される」と心配する女性には彼を呼び、親の立場から、娘がAV女優になった時の心境を単刀直入に話してもらいます。そして、娘を愛する父親の発言「最終的には娘の選んだ人生を尊重する」に、心を動かされ、出演を決断するのでした。

それでも迷っている女性には、事務所にいる何人かの有名AV女優たちと直接話をしてもらいました。私は席を外して、女優たちだけに心の内の不安を打ち明けてもらい、相談相手になってもらうのです。

よく「それまで脱いだことのない素人が、なぜいともたやすく出演するのだろう」と言われましたが、素人さんだからこその悩みや不安を実例話法で氷解させていったのです。そして、ダイヤモンド映像は業界総売り上げの三五パーセントを占めてナンバーワンとなり、業界運営のキャスティングボードを握ることができたのです。

自《みずか》らを実例とする

そのダイヤモンド映像時代、一〇億円の自社ビルを三棟所有していました。その他にはヘリポートつきクルーザー（一八億円）、ロールスロイス（一億円）、ピンクダイヤ（三億円）など、贅《ぜい》の限りを尽くしていました。

社員には、札束で封筒が立つほどのボーナスを支給するのが私の夢で、実際、何人かの主要スタッフには一回のボーナスで五〇〇〇万円以上を支払っていました。その甲斐あって、会社が倒産後、社員たちは途方に暮れることなく、それまで蓄《たくわ》えていた貯金を元にAVメーカーを設立したり、レンタルビデオ店を開店したりして、他の業種に転職するまでに必要な期間を、貧しさとは無縁に過ごすことができたのです。

なぜ、このような贅沢をしていたのか――。それは、自らの虚栄心を満足させるためだけではなく、次代を担《にな》う優秀な人材を募るための投資、と考えていたからです。「自分もいつか村西監督のようにリッチで女性に何不自由ない人生を送ってみたい」という憧れる存在でなければ、有為《ゆうい》の人材を集めることができないと考えていました。

セックスはラーメンを食べる、納豆を食べるなどと同じように、「誰でもしている・できる」ことです。それを仕事として昇華して見せるには、よほど尋常でない才能の参加がなければ、AV業界、ひいては自分の会社の明日はない、と華やかな生活の裏では危機意識を持っていました。

そのためには、自らを実例話法で示すことが最適です。求められるままにメディアに出演し、贅沢な暮らしぶりを公開しました。その折には、決まってお気に入りの専属女優を周囲にはべらせ、これ見よがしに酒池肉林の世界を演出しました。AV業界で働くことの楽しさ、すばらしさ、意義、をアピールしたのです。まさに、業界の広告塔です。

そうすることで、それまでどこか胡散臭《うさんくさ》くてアンダーグラウンドの人間たちが蠢《うごめ》いていると思われていたAV業界の誤解を解くことができました。そして、男女の優秀なスタッフのみならず、これまでにはない高いレベルの女優や男優たちが業界に参入してきたのです。

言葉だけに頼らない、この実例話法の好例こそ、ジャパネットたかたの通信販売です。商品はもちろん、その商品を実生活のなかでどのように使ったら便利かをビジュアルで見せることにより、お客さまの想像が膨《ふく》らみ、購入への動機づけに自然とつながるのです。

近しい他人との比較

前述のように、一二時間に及ぶ手術を受けて入院した時のこと、手術前に「余命一週間」の告知を受けたこともあり、自分の生命力に自信を失いかけていました。救ってくれたのは、リハビリを担当した理学療法士の言葉でした。

歩くことも困難なほど衰弱していた私は車椅子に乗って、病室とリハビリルームを往復していました。担当の理学療法士はこれまで、私と同じような病状の患者のリハビリをいくつも担当したそうです。

彼は、私の車椅子を押しながら「あなたより五歳年上のAさんは、もっと重い病状でしたが、リハビリで驚くような回復をして元気になられました」「一〇歳年上のBさんは、誰もがもう無理だと匙《さじ》を投げた絶望的状況から、あきらめずに毎日リハビリを続けたことで、二カ月後には歩いて退院していかれました」と、回復した患者たちの実例を話してくれました。

また、五階にあった病室にまっすぐ戻らず、エレベーターで四階に降りたこともあります。「ここは重症の癌患者さんたちの病棟です」と言ったきり、シーンと静まり返った廊下を黙って車椅子を押しながら病棟を一周し、五階に戻りました。

彼は何も語らず私の病室から立ち去りましたが、彼の言わんとしていることがわかりました。「あなたよりもっと苦しい状況でがんばっている人がいるのに、この程度のことでヘコたれていてはしょうがないじゃありませんか」と、エールを送ってくれたのです。「下には下がいる」ことを知って、私は覚醒しました。それまで中途半端だったリハビリに真剣に取り組み、三カ月の入院予定をほぼ半分の五〇日で退院することができたのです。

私の義兄は一二年前、六十代の働き盛りの時に事故に遭い、脊髄《せきずい》に損傷を受けました。以来、車椅子の生活を余儀なくされています。一度は自死を真剣に考えた義兄でしたが、彼を救ったのは、同じ病室にいた元スノーボーダーの青年でした。

青年はまだ三〇歳、スノーボードの練習中に空中から仰向けに転倒して首を骨折。緊急手術で一命を取り留めましたが、首から下をピクリとも動かすことのできない体になってしまいました。それでも、前向きに生きようとして口に棒を咥《くわ》え、パソコンのキーを打つ練習に励む彼の姿を見て、義兄は鞭《むち》を打たれたようにハッとして、「俺は何という甘ったれだ」と自分を叱ったそうです。

これらも立派な実例話法です。まさに「彼（彼女）を見よ！」です。

「あの刑事さんも――」

実例話法は相手を説得する必勝法であることが、おわかりいただけたことと思います。私は、この話法をビニ本時代に、取り締まりを担当する警察当局とのやりとりで応用したことがあります。

何度か取り調べを受けているうちに、担当刑事と気安い関係になりました。「そのうちに外で飯でも食おう」と。刑事の目的は「裏本業界の帝王」と言われた私から情報を得ること、私の目的は当局の捜査状況を知ること、でした。

夜の繁華街で、狐《きつね》と狸《たぬき》の化かし合いのような付き合いを重ねていきました。捜査対象が殺人などの被害者が存在する事犯《じはん》ではないことから、刑事たちにも気軽さがあったように思います。毒を食らわば皿まで、の「刑事《デカ》魂《だましい》」が現場の刑事に宿っていた時代です。

今では、捜査する側とされる側が一緒に飲食をすることなど、とうてい考えられませんが、敵の懐《ふところ》深く潜入しなければ、肝心《かんじん》の捜査が進まない現実がありました。お付き合いした刑事たちは、そうした現実を踏まえて合理的に考え、親しく交際し、酒宴を共に囲んだのです。

支払いは、いつも捜査対象の私が払いました。稼ぎが段違いでしたから、当たり前のことです。刑事たちは形ばかりに財布を開いて割り勘を主張しましたが、私が「今夜は私が払います」と言うと、「それじゃ、次の機会は俺が払うから」と簡単に財布を引っ込めました。そしてお付き合いが続く限り、「次の機会は俺が払う」のセリフは続くのです。

それでも、執拗に「俺も払う」と割り勘を主張する刑事がいました。そんな時は、耳元でこっそりと「先週の土曜日に○○さんと飲んだ時も、私が払うことで顔を立てていただいたんです」と実例話法を用います。

彼は同僚の○○刑事の名前を聞き、一瞬ハッとしたような表情を見せましたが、すでにしたたかに飲み食いをしたあとですので、私の申し出に不承不承《ふしょうぶしょう》うなずくしかありませんでした。

そうした「情報交換」に、毎月五○○万～六○○○万円を使っていました。当時、裏本の担当は、警視庁に四つの係《セクション》がありましたが、各係の刑事たちとまんべんなく「情報交換」の場を持つための必要経費でした。

もちろん、そのことによって捜査当局が捜査情報を漏《も》らした、ということはありません。ただ捜査対象となっている私が、刑事たちが何気《なにげ》なく口にする一言一句を解析して、自分たちが逮捕されないよう対策を講じたのです。

第五章

聞き流し話法

――論争を避《さ》け、自分のペースに持ち込む

聞き流し話法とは

お客さまの口から出てくるさまざまな断わり文句にいちいち反応し、本気で切り返してはいけません。営業とは議論の場ではなく、法廷のような白黒つける場でもないからです。人間は自分の意見を直接否定されたり、批判されたと受け取ったりすると対抗意識を刺激され、負けじ魂を燃やします。そうなると、もう商品説明を聞くどころではなく、営業マンより優位に立ちたいという気持ちの囚《とら》われ人《びと》となってしまいます。

営業マンは肉を切らせて骨を断つ、真の勝者であるべきです。相手を論破しても何の得もありません。相手に好かれることによってのみ、望んでいる甘美なる果実＝契約を手に入れることができます。

ですから、どんな時でもお客さまと議論を戦わせてはなりません。議論をふっかけられた時には、軽くかわしながら、自分のペースに話を変えていくのが、聞き流し話法です。言わば、負けるが勝ちの話法と言えます。

哲学者ヴォルテールが人間について考察した記述を紹介しましょう。

「はたして人間というのは、つねに嘘つきで、狡猾《こうかつ》で、不実で、恩知らずで、悪党で、弱虫で、移り気で、卑怯《ひきょう》で、焼き餅《やきもち》焼きで、大食いで、飲んだくれで、けちんぼうで、野心家で、残忍で、ひとを中傷するのが好きで、放蕩者《ほうとうもの》で、狂信家で、偽善者で、そして愚か者であったと、そうお考えなのですか」

「では、あなたはそうではないとお考えなのですか」マルチンは言った。「鷹は、鳩を見つけるとかならず鳩を食べるでしょう。……」(『カンディード』光文社古典新訳文庫)

鷹の性質が変わらないように、人間も同じように、聖人君子ではなく「普通の人間」であるのです。営業とは、そんな普通の人間であるお客さまと向き合ってコミュニケーションを取っていく仕事であることを肝《きも》に銘じてください。そうした視点からお客さまの断り文句を受け取り、頑なな心をあやしていくのが、聞き流し話法です。

聞き流し話法で気をつけなければならないのは、いい加減に聞き流すことで、「無視された」「馬鹿にされた」「たぶらかされている」と受け取られて、お客さまの自尊心を傷つけることです。常に、お客さまは「正しい」「すばらしい」「見事だ」と認め、惜しみなく褒める心を失わないでください。

なぜなら、何度も述べてきたように、私たちは皆、見え透いたお世辞ではなく、心からの称賛に飢えているからです。言わば、人間が好き、人間はすばらしい、という境地に至らなければ、聞き流し話法は営業マンの独《ひと》り善《よ》がりに堕《だ》してしまうでしょう。

どんなお客さまと話をしても、そのたびに自分の人生の幅が広がる、という謙虚さの後ろ盾があってこそ、聞き流し話法は命を持つのです。

相手に試《ため》されていると思え

人間性の修養なくして応酬話法の上達はあり得ませんが、人間修行の場として、営業という仕事は最適です。この世の中で、仕事を通じて自己を鍛錬できる、これほど有意義な職業を私は知りません。なかでも、聞き流し話法は営業マンの「人間力」が試されます。話し上手だけでも聞き上手だけでも務まらないのが、聞き流し話法だからです。

英語の百科事典のセールスマン時代、夜は企業の独身寮でマスセールスをしていました。これは、一度に大勢の人に話を聞いてもらえて効果的ですが、一歩間違うと、付和雷《ふわらい》同《どう》となって収拾がつかなくなる危険性も内在しています。

その日は、ある上場企業の男子独身寮にうかがい、寮生一〇人ほどに夕食後の食堂に集まっていただきました。順調に一時間ほどで説明を終えたのですが、情熱的に語り続けた甲斐あって、目頭《めがしら》を熱くされている方もいました。これまでの経験から、三、四人は契約が見込まれます。私は契約書を配布し、この機会に購入してくれるよう促しました。

その時でした。一番の年長者と思われる男性が「ただ英語を話せるようになっても、アメリカでは物乞《ものご》いでも英語を話せるのだから、語学力だけではどうにもならないよ」と冷水を浴びせるようなことを口にしたのです。寮でも一目置かれている存在のようで、彼に同調する雰囲気が生まれました。

しかし、ここで気色《けしき》ばんで反論すれば、彼の面子を潰《つぶ》すことになり、さらに状況が悪化することは目に見えています。私は、笑顔で聞き流しました。

彼は、さらに「英会話を勉強するなら『学ぶより慣れろ』だよ。教材に頼っているようでは駄目で、洋画でも観て勉強したほうがましだよ」とか「英会話を習うのに、金を使うなら、英語を話す外国人女性と恋愛をしたほうが早い」ともっともらしい意見を述べるのでした。彼は自分の英語力に自信があるようで、留学経験を持っているようでした。

流れは明らかに、彼の側に向かっていました。私の人間力が試される場面です。私は笑みを絶やさず、思いの丈《たけ》を込めて、その男性に向かい、丁寧にお辞儀をしたのです。

するると、男性は「それでも、こんな機会でもなければ、お前たちは英語の勉強を始めることがないだろうから」と契約をすすめてくれたのです。あるお客さまには、自ら保証人にもなってくれました。彼の「試験」に合格したことで、その夜は四人から契約をもらうことができました。

笑顔と相槌《あいづち》

同じく、英語の百科事典をセールスしていた時のこと、二五歳のOLから契約をいただきました。その後、彼女は契約の見込みがある女友達を積極的に紹介してくださり、四人から契約をもらうことができました。感謝してもしきれない、ありがたいお客さまです。

普通、友人を紹介していただいても、その人が営業現場まで出向いてくることはありませんが、彼女の場合は違いました。紹介者として、必ず来られました。

私が商品の説明を終えると、あとは彼女の独壇場です。なぜ英会話の勉強を始めたほうがいいか、諭すように語るのです。それぞれの女性の仕事や家庭環境などバックグラウンドを承知しているので、話の内容は的《まと》を射《い》て説得力があり、呆気《あっけ》ないほど容易に契約をいただくことができました。

これも、これまで彼女と女友達との間で築かれてきた信用力の賜《たまもの》です。それにしても、彼女の「話す力」に感動させられたものです。彼女が私の代わりにセールス役を務めている間、商品説明を聞いている女性たちが時折反論される言葉を、ただにこやかに聞き流し話法で対応しているのが、私のポジションでした。まさに、夢のコンビです。

しかし、ひとつだけ難点がありました。彼女の趣味はお琴でした。それも単なる趣味の領域にとどまらず、名取《なとり》の立場にありました。二十代の若さながら、毎日のように何人ものお弟子さんを自宅の稽古場に招いて教えていました。

そして、月に一回はあちらこちらの会場で発表会を開くのですが、困ったのは、この発表会に必ず招待されることです。しかも、席は舞台の前の真ん中、特等席です。恐縮ながら、私は琴にまったく興味がありません。四、五時間に及ぶ発表会に付き合わされるのは苦痛以外の何物《なにもの》でもありません。

最後のトリとして、高価で煌《きら》びやかな和服をお召しになった彼女が舞台に登場する頃、睡魔も最高潮となって、つい寝息を立てる有り様です。しかも、公演終了後の懇親会には必ず顔を出すことを求められました。彼女の弟子やファンに交《ま》じって、興味もなく、わかりもしない琴の話題に加わらなければならないのです。

しかし、まさに聞き流し話法によって、笑みをたたえて相槌を打ち、乗り切ることができました。

心の内を吐《は》き出させる

小田かおるさま、という女優がいらっしゃいます。一九八〇年代の日活ロマンポルノで一世を風靡《ふうび》した彼女は元ミス日本、かなりの美形でした。

やがて日活ロマンポルノが衰退、AVの時代が訪れました。かねてから彼女に憧れていた私は、何としてもAVに出演いただきたいと考え、伝手《つて》を頼ってコンタクトを取りました。そして幸いにも、都内のホテルの一室で、二人きりで会うことができたのです。

彼女はAV出演を承諾して、ホテルの部屋に来たわけではありませんでした。とりあえず、どんな話なのか、直接監督に聞いてみたい、と考えての来訪でした。せっかく好意を寄せてくださった監督さんに一目お会いしてからお断わりをしよう、と。AVは本番を前提としています。テレビや舞台でも活躍の場を広げている彼女にとって、AV出演などはもっての外《ほか》の話でした。

彼女は応接のソファに深く身を沈め、開口一番「申し上げておきますが、私は監督さんのAVに出演するつもりはありません」と断わり文句を述べられたのです。

女優はタレントと違い、強い自意識を持っていなければできない職業です。何となく雰囲気に流されて、といったことはありません。また、一様に気の強い性格をお持ちです。ナヨナヨしていたのでは、他人を演じることなどできませんから。自分という人間の芯をしっかり持っているのです。

彼女もその例に漏れることなく、激しいパーソナリティを表出させ、私にぶつかってきました。私は、ここで彼女のスタンスを否定することは得策ではないと考え、ひたすら聞き流し話法に徹《てっ》しました。

「AVの本番なんて演技じゃないから、女優の私にはできません」との意見には、「そうですね」の合いの手を打ちながら、「カメラに撮られることを前提としていれば、すべては演技なんですけどね」と軽いジャブを返しました。

彼女の「私は女優です」の独演会はおよそ一時間は続いたでしょうか。心の内を全部私にぶつけたことで、気が済んだようでした。しばしの沈黙が流れます。

「それで、もし私が出演するとしたら、お相手の男優は誰ですか」と聞いてきたのです。間髪《かんはつ》を容《い》れずに「私でございます」と目を見つめました。彼女の顔が首筋まで赤く染まるのがわかりました。

こうして、芸能界に衝撃を与えた彼女の本番作品が世《よ》に出ることとなったのです。

「腎臓《じんぞう》を売れ」

「腎臓を売って、借金返済に回された方がいましたが……」と、その銀行の副支店長は慇《いん》懃無礼《ぎんぶれい》に恐ろしい言葉を吐きました。ついこの間まで「監督の会社の借入金を当行一本にまとめていただけないでしょうか。そうすれば、ご希望金額を、新しい融資枠として設けさせていただきます」と目の前のテーブルに両手をついて、媚《こ》びを売っていた男です。

一九九一年、衛星放送への投資の失敗から資金繰りが悪化、それまで順調だったこの銀行への返済が滞るようになりました。すると、男は途端に掌を返し、「腎臓を」となったのです。

銀行の副支店長という責任ある立場では、二〇億円近い貸し倒れを被《かぶ》るかと思うと、居《い》ても立ってもいられなかったのでしょう。悪いのは私です。経営判断を誤り、せっかく融資をしていただいた銀行に迷惑をかける事態に陥っては、何を言われても申し開きができません。

「あんたは『AVの帝王』と言われてるらしいけど、俺に言わせればペテンの帝王だよな」と、男はテーブルの上のお茶を足で蹴り上げました。茶碗が飛んで胸に当たり、洋服がびしょ濡れとなりました。

男は、二人の部下を引き連れていました。副支店長という職責で、こうでもしなければ部下に示しがつかないのでしょう。

普段なら、ここまでされて黙って引き下がる私ではありません。しかし、「倒産」の二文字が頭を過《よぎ》りました。ここで、この男を怒らせ、翌日に預けていた手形を振り込まれるようなことがあっては万事休す。かといって、土下座をして泣いて縋《すが》るといったあざとい場面を演じるには抵抗があります。

男の目的は、私に詫びさせることより、いかに自分が怒っているかを部下たちの前で知らしめることであるのは理解していました。そのためには、ここで泣いて許しを請《こ》い、早期解決を図るより、一時間でも二時間でも怒鳴られることが得策と考えました。

「俺がこれだけ言っているのに、聞き流しているようだけれど、どういう神経をしているんだよ。人間じゃねえなぁ、あんた」と男のボルテージは上がる一方です。時計を見ると、午後三時、男が事務所に来てから三時間が過ぎていました。

やがて、男は部下を外に出し、私と二人きりになると、「最悪のことは覚悟しているから。最後までがんばってよ」と言い、帰り際に両手を握ってきました。力強い手でした。副支店長は、生来の人情家だったのです。私は、心で泣きました。

耐えることで開ける道

電話で呼び出しを受けました。数日前に契約していただいた二〇歳の青年の父親からです。「息子が契約したようだけど、親の意見も聞かずにやったことだから、契約を破棄したいので来てくれ」と言うのです。

青年は、父親が経営している豆腐店の手伝いをしていました。休日に映画を観ようと街に出た時に私と会い、喫茶店で英語の百科事典と英会話教材のセットについて説明を受けると、「将来は色々な国に行って趣味の写真を撮ってみたい。そのためには英語の勉強に挑戦してみたい」と意欲を見せて、契約してくれました。

「自分のような男に、英語の勉強をすすめてくれる人はいないから、ありがたいです」と感謝さえしてくれる純朴な青年でした。保証人は父親に頼むということで、契約書を渡していましたが、前述のキャンセルの電話となったのです。

せっかくやる気を見せていた青年のことを思うと残念な気がしました。夕方、自宅兼店舗にうかがうと、父親と母親、青年の三人が待っていました。

「あんたも見てわかる通り、ウチは豆腐屋なんだよ、世の中には英会話が必要な人が沢山いるかもしれないが、家業にはまったく必要ないんだよ」と父親はケンカ腰の剣幕です。

私は聞き流しながら「お店は随分と古くからおやりなんですか」と尋ねると、「俺の代で三代目。息子の代で四代目になるな」と言いながらも「あんたも商売なのはわかるけど、ラーメン屋の職人にフランス料理の料理本を売りつけるようなアコギな真似をしちゃいけないよ」と、どこまでも立ちはだかる構えです。

青年はかわいそうに、父親の前で身を縮《ちぢ》めて〝借りてきた猫〟状態です。

「お父さんは働き者の息子さんがいて幸せですね」と言葉をつなぐと、「馬鹿の考え休むに似たり。豆腐屋は豆腐のことだけ一生懸命考えていればいいんだよ」と返してきます。

相当な頑固者のようです。

「何を言ってんだよ、あんたは」

突然金切り声を上げて割って入ったのは、それまで沈黙を通していた母親でした。

「せっかく息子が英語の勉強をしたいと言っているのに、それをわざわざやめさせる馬鹿な親がどこにいるんだよ。あんたなんか保証人にならなくったっていい。この店だって半分は私のものだよ。私も経営者の一人だから、私が保証人になってやる、いいだろう？セールスの人」と啖呵を切られたのです。

父親は唖然《あぜん》として、母親を見つめています。これまで父親は、妻からこれほど痛烈な反撃を受けたことがなかったのでしょう。

「わかったよ、俺が保証人になればいいんだろう」と息子思いの母親から契約書を奪い取って、保証人の欄にサインを始めました。私は青年と目が合いました。その嬉しそうな顔は、私の勲章となりました。

理詰めの相手には、理屈で返さない

都内有数の住宅街に、瀟洒《しょうしゃ》な洋館がありました。玄関の呼び鈴を鳴らすと、ドアが開き、三十代の婦人が顔を出しました。「どちらさま」と品の良い応対です。

英語の百科事典のセールスマンであることを告げ、「すこしの時間だけでもよろしいですからお話を聞いていただけませんか」とお願いしました。「すこしだけなら」との約束で家のなかに入れていただき、応接間に通されました。暖炉《だんろ》のある西洋風に作られたお洒落な部屋です。

早速説明を始めるためアタッシュケースからセールスキットを取り出していると、彼女は紅茶を運んできて、「召し上がれ」とカップをテーブルの上に置いてすすめてくださいます。甘い香水の匂いに鼻孔《びこう》をくすぐられドキドキしましたが、ビクビクしないよう心して説明を始めました。

彼女は説明を聞き終えると、「お高いわね」と顔をしかめました。暮らしぶりから見て、二〇万円程度が「高い」と思われるとは信じられませんでした。私は聞き流して「お子様は何人いらっしゃるんですか」と質問すると、「中学生の男の子に小学生の男の子と女の子の三人よ」と答えながら、「本当にこの教材で英語が上手になるのかしら」と疑問を口にしたのです。

私はその質問には答えず、「理想的な家族構成ですね」と話をそらしますと「上の男の子二人は大変なのよ、反抗期でね。子どもは女の子がいいわ、優しいから」と言い、「日本語もまともにできないんだから英語のお勉強どころではないわよね」とまたしても否定的な意見を述べられるのでした。

しかし、その言葉とは裏腹に、資料を手に取られて凝視《ぎょうし》されています。まったく興味がないわけではなく、関心はあるけれど、自分の頭のなかにある疑問を口に出し、ひとつひとつ潰していかなければ気が済まない性質のようです。

こうしたタイプのお客さまには理詰めで反論してもしかたがありません。本人が自問自答している時間をあせらずに待つことが必要です。

その後、いくつかの質問というより、彼女の独り言のような呟《つぶや》きを聞き流しながら、気持ちの整理が付くまでの時間を待ちました。そして、頃合いを見て、「お子様たちと一緒に、このお部屋のなかでお勉強している姿が目に浮かびますよ」との言葉を放ちました。

彼女の頭のなかに、一家団欒《だんらん》を過ごしながら英会話の勉強をしている家族のイメージが浮かんだようです。「最初は私と長男が勉強して、そのあと下の子どもたちがこの教材で勉強するようにすれば、無駄にならないわよねえ。三人のうち一人ぐらい、英語が好きになってくれたら儲けものね」と契約してくれたのでした。

聞き流し話法は、お客さまが自問自答しながら、その答えを引き出す手助けとなる話法とも言えるのです。

開き直る人への対処法

高須《たかす》クリニックが、現在ほど知られていない頃のことです。「整形をしたい」という女性の望みを聞いて、四国にあった、その道では有名な整形外科医のところへ、彼女を送りました。

目と鼻と歯と胸を整えて総額七〇〇万円、一カ月を要する大手術でした。その間、彼女は病院に滞在、すべての費用を私が負担しました。整形後、AV女優の仕事をしてがんばりたい、との彼女の意向を汲《く》んでのことでした。

一カ月後、無事手術を終えて、彼女は東京に戻ってきました。期待通り、別人のような美しい女性に変身していました。肌はもともと白いため、まるでリカちゃん人形のようでした。感動しました。一カ月待った甲斐があった、と有頂天《うちょうてん》になったのです。

「撮影のほうは一週間以内にスタートしてもいいかな」と改めて確認しました。

「えっ、何のことですか？　撮影って」と彼女は信じられない言葉を口にしたのです。

「AVに出演するから、私は手術のお金を出したんだよ」と怒鳴りそうになりましたが、グッとこらえます。聞き流し話法でいくことにしたのです。

「肌がきれいだから、目鼻立ちがはっきりして西洋人みたいだ」と褒めると、「信じられません、私がAVに出るなんて。絶対に嫌です」と彼女は大粒の涙を流します。「信じられません」は、こちらのセリフです。

しかし、ここで彼女を追い詰めてもロクなことになりません。「私がAVに出るような女に見えますか」との言葉に我慢しながら、「あんまり美しいから、君と話をしていると緊張してきちゃうよ」と聞き流し話法を続けたのです。

しかし、彼女は「私はAVになんか絶対に出演しない。出演するくらいなら死んだほうがまし。整形でかかった費用はこれから銀座で働いて返しますから」と自分勝手な条件を言って、反抗し続けます。

それでも、一向に取り合わず「やっぱり、きれいだね。僕の目に狂いがなかった」と称賛を惜しまない私に、彼女は遂《つい》に根負けをしたように「撮影は一〇日後にしてください、生理が二、三日後に来るから」と自分のほうから撮影日を指定してきたのです。

撮影は順調に行なわれました。彼女はまるでAV女優になるために生まれてきたかのような奔放な性愛を見せました。

その初々《ういうい》しくも大胆なセックスシーンはAVファンの間で評判を呼び、瞬《またた》く間にスターの座に上り詰めていきました。そして一〇作品ほど出演すると、古巣の銀座に戻り、クラブのオーナーママとして大成功を収めました。

否定はしないが、肯定もしない

口はひとつなのに、なぜ耳は二つあるのでしょうか。自分が話す倍の時間を、他人の話に耳を傾けるため――とは碩学《せきがく》の見解です。しかし、限られた時間で商品説明を行ない、購入の契約をしてもらわなければならない営業マンにとって、聞き上手だけで契約を取れるなどとは絵空事と言わざるを得ません。

人間は自分が話していることに酔い、言い募る傾向があります。一方的に受け身になって話を聞いていると、お客さまの考えが揺るぎないものとして、その場の空気を支配する恐れがあります。適度な匙《さじ》加減の、聞き流し話法の価値はここにあるのです。

私は、世界ではじめてのアダルトＤＶＤを制作しました。製造はパナソニックの工場に依頼しましたが、完成するまで二カ月もかかりました。理論的には片面二層で四時間一六分の映像が収録可能となっていましたが、実際に製品になったものはなく、一流企業ですら試行錯誤をしていたのです。

私はこれからＤＶＤの時代が来ると信じ、五億円の金をかき集めて、四時間のＤＶＤを五作品制作しました。そして、ようやく工場から届けられた出来立てホヤホヤのＤＶＤを、ＡＶ専門誌に持ち込みました。大々的に宣伝してもらおう、との目論見《もくろみ》です。

顔なじみの編集長は、ＤＶＤを手にして「こんなもの売れるわけありませんよ。監督は失敗しますよ」と言葉を返してきます。

しかし、私には絶対の自信がありました。ビデオテープの十分の一の薄さ、二倍以上の収録時間、しかも画像は何倍も鮮明で、お洒落なデザイン。ＤＶＤがビデオに替わって主流になるのは時間の問題だと確信していました。

彼とはビニ本時代からの付き合いです。悪気《わるぎ》があってのことではなく、私を心配してくれての意見でした。しかし、何としても業界でもっとも影響力を持つ、この雑誌に紹介してもらわねばなりません。取り上げられただけで販売店の反応が格段に良くなることは明らかだからです。

なぜＤＶＤが時期尚早であるか、ひとしきり彼の講釈が始まりました。業界でもっとも権威のある雑誌の編集長らしく、その論理には一理あります。ただ、ＤＶＤが完全にビデオに取って代わるとの時代感覚に欠けています。

私は「そうかなあ」「そういう見方はわかるけど」「違う気もするけどなあ」と悠揚《ゆうよう》迫らぬ聞き流し話法で受け答えをしていました。三〇分ほどして、一方的な講釈が終わると、彼は「監督の言うことを聞かないと、あとが怖いですから」と冗談を口にして、雑誌で紹介することを承諾してくれたのです。

翌月の雑誌に大きく掲載され、一気にＤＶＤの時代へ突入していきました。

反対する部下五人を説得する

セールスマンに、その商品を買ってもらったことがあります。モノの見方、考え方という「商品」です。

北海道で英会話教材とテープレコーダーのセットを売っていた頃、マネージャーとして、ワゴン車に部下を五、六人乗せ、道内でセールスを展開していました。月曜日の朝、会社を出発して道内の各地を回り、金曜日の夜に戻る、というスケジュールです。宿泊は、旅先で格安の旅館やユースホステルを選びました。食費を含め、それらの経費は各自の負担でしたから、贅沢はできません。

マネージャーとしての私の役割は、彼らのモチベーションの維持にあります。冬の北海道では氷点下二〇度を超えることも珍しくなく、セールスキットが入ったバッグを提《さ》げて行脚《あんぎゃ》を続けるには、よほどのモチベーションの喚起が必要です。セールストリップのスタート日になると、ずる休みをして姿をくらます者さえおりました。

そこで私は、自分たちの存在がいかに社会に有意義であるかを自覚してもらうため、収入の一部を徴収して、社会福祉に募金をすることを考えました。そして、その金額を毎週一人二〇〇〇円とすることを五人に提案しました。

早速、非難囂々《ごうごう》です。「自分たちは税金を払っているのだから、わざわざそんなことをする必要がないと思う」「二〇〇〇円は自分にとって大金だから遠慮させてもらう」「成績の良い人間だけにしてほしい」「お金ではなく、モノのほうがいい」「そんなお金があるなら両親に仕送りしたい」など各自、異議を申し立てました。

私は「なるほどね」「二〇〇〇円といえども、馬鹿にはできない金額だよね」「皆で意見を一致して行動したいな」「モノもいいけど、お金もいいよね」「親孝行は最優先だよ」と否定することなく、話を合わせながら、聞き流し話法を続けました。

それぞれの主張が吐き出された頃を見計らって、「一度だけ、私にだまされたと思ってやってみよう。その結果、納得しなければそれでやめにする」と提案しました。すると「一度だけなら」ということで全員が賛成し、それぞれが二〇〇〇円を出しました。その場で封筒に詰め、郵便局からその地方の福祉協会に送りました。差出人は匿名《とくめい》にして。

効果は絶大でした。ともすればコンプレックスの持ち主だった彼らに、自分の活動は社会の役に立っている、との自覚が生まれ、見違えるように自信に溢れたのです。そして、これまでなら門前払いに遭うと簡単に引き下がっていたのが、粘《ねば》り強さを発揮するようになりました。

五日間のセールスを終えてみれば、全員がこれまでの倍以上の成績を上げていました。

「二〇〇〇円がもたらした奇跡」です。

第六章　大失敗

たった一言で命さえ失う

たったひとつの言葉で人生が終わってしまうことがあります。信じられないかもしれませんが、命が奪われることがあるのです。

ビニ本時代のことです。得意先のビニ本店に本を運んでいる途中、新宿の歌舞伎《かぶき》町で地回りのヤクザと会いました。顔見知りのヤクザは「儲かっているか」と聞いてきます。忙しさで舞い上がっていた私は「儲かりすぎて頭がおかしくなりそうです」と軽口を叩きました。

数日後、ワゴン車からビニ本を下ろしていると、先日のヤクザが若い衆二人を連れて近づき、いきなりリボルバー式拳銃を押し付けてきました。そのまま近くのビジネスホテルの一室に拉致《らち》され、密室で「頭がおかしくなるくらい儲かっているなら、俺たちにもお裾《すそ》分《わ》けしろや」とみかじめ料を要求してきたのです。生きた心地がしませんでした。

「儲かりすぎて」などと口走ったために、招いたピンチです。たまたま、彼の兄貴分にあたるヤクザを知っていましたので、ホテルの部屋から、兄弟分のヤクザに電話をして迎えに来てもらい、事《こと》なきを得ました。この時、不用意な一言が命取りとなることを肝に銘じたのです。

アメリカ・ハワイで逮捕された時のことです。オアフ島カハラの高級別荘地でのビデオ撮影は、深夜に及んでいましたが、突然ドアを蹴破って、五〇人ほどの屈強な男たちが乱入してきたのです。

手にはそれぞれにマシンガンや斧《おの》を握っています。彼らは血相を変えて、私を含めて一五人のスタッフに飛びかかってきました。彼らの上着にはハワイ州警察、ホノルル警察、イミグレーション（入国管理）、ＦＢＩ（連邦捜査局）、の文字が見えます。

私は二メートルはあろうかと思う大男に組み伏せられ、こめかみに四五口径の拳銃を突き付けられました。彼は、「フリーズ（Freeze＝動くな）！」と叫んでいます。しかし、私は「フリーズ」を「プリーズ（Please＝どうぞ）」と聞き間違え、「何もこんな時に『プリーズ』などと言わなくともいいのに」と、おかしくて笑ってしまいました。すると、拳銃の安全装置を外す「ガチャリ」という音がしたのです。

アメリカのポルノ撮影では麻薬を体に入れている者が多く、命知らずの抵抗をしてくることから、大男は異常なまでの警戒心を抱いていました。私の笑いは、麻薬常習者の不敵な反抗と誤解されたのです。

まさしく言葉ひとつを間違えて、のっぴきならない経験をしたのです。本章は、応酬話法における失敗の数々を紹介します。私の轍《てつ》を踏まないよう、具体的に「してはいけないこと」を述べてまいりましょう。

話しすぎてはいけない

繰り返しになりますが、人間は常に他人から褒められること、認められることに飢えています。心のなかで、自分のことをわかってほしい、ともがいている生き物です。そうした根源的な欲望を理解せずに、営業マンが自らの損得勘定だけで話しまくるから失敗するのです。

カラオケボックスで自分だけがマイクを握って離さなければ、座はシラけてしまいます。一度歌ったら、今度は相手に歌う番を譲《ゆず》る、そうした譲り合いのやりとりをしながら、盛り上がっていくのです。話しまくるということは、営業マンがマイクを握って離さずに一人だけ歌いまくるということです。お客さまは、そんな自分勝手な人間と同じ部屋で空気を吸うことさえ嫌になるでしょう。

営業マンは舞台に立っている役者なのだと考えてください。演目は商品説明ですが、セリフはすべて決まっているわけではありません。共演者であるお客さまによって、その日その日のセリフの順番や演じ方を自在にアドリブで決めていきます。言わば即興詩人のように、です。

あくまで、主役はお客さまです。お客さまに「もっと悲しい演技を」と求められれば、より悲しい演技を、「もっと楽しい物語を」と求められれば、それに応じた演技で応えます。ここではどちらかが勝手に話しまくる、という役は存在しません。言葉のキャッチボールをしながら、相手役のお客さまに満足を与え、喝采《かっさい》のうちに幕が下りるのです。カーテンコールは契約です。営業とは、お客さまと一緒に創り上げる感動のドラマなのです。

「営業マンは需要を創造する芸術家である」と言われる所以《ゆえん》です。

ある調査では、営業マンの失敗の原因の五〇パーセントは「話しすぎ」にあると言われています。相手を説得しようとあせるあまり、ところかまわずまくし立てて墓穴を掘って失敗しているのです。成功の確率を上げようと考えるなら、がむしゃらに話しまくるという愚《ぐ》を犯してはなりません。

お客さまは私たち同様に自分のことでいっぱいです。家族でも親戚でもないのに、自分を無視して話しまくる営業マンに付き合っている暇はないのです。

長野県の奥深く「隠れ家」と言われる旅館でマッサージを頼んだことがあります。来たのはもみあげを長く伸ばした、毛むくじゃらのマッサージ師でした。ところが、その外見に反して、繊細で抜群のテクニックでした。

肩、腰、背中など、その箇所ごとに「どこが凝《こ》っているか」を尋ねて、各ポイントを絶妙な力加減で揉《も》みほぐすのです。セオリー通りのマッサージにこだわることなく、お客さまである私に質問をしながら急所を探り、強弱をつけながら慎重に進めていく――その施術は、まさしく営業マンに求められている「対話の極意」でした。

聞き役に徹《てっ》してはいけない

人間の最大の武器は言葉です。言葉によって、暴力をふるわれた以上に打ちのめされることがあります。

恋の甘い言葉を囁《ささや》かれると、全力疾走したわけでもないのに血圧が上がり、動悸《どうき》が激しくなり、過呼吸となって失神してしまうこともあります。感動すると、殴られたわけでもないのに涙が出ます。たったひとつの言葉で傷つき、命を絶ってしまうこともあります。刃物や銃を持たずとも、人間を殺す凶器となるのです。

こうした言葉の持つ力を知ると、人間は時に臆病となり、寡黙な聞き役に回ってしまうことがあります。しかし、相手の話を聞きすぎると、自分を追い詰め、悲惨な結果を招きます。

北海道でテレビゲームのリースの仕事をしている時、五歳児を持つ若妻と恋仲になりました。純真な心を持つ女性でした。彼女は道ならぬ恋に傷つき、自分を罰し、「これ以上、夫、子どもとあなたの板挟みになっているのは辛《つら》い。でも、好きな人と一緒にいると何をしても楽しい。きっとあの世に行っても楽しいはずだから一緒に死んでほしい」と心中を求めてきたのです。

この時、「馬鹿なことを考えるもんじゃない」と言下《げんか》に否定すべきでしたが、彼女を失うのが怖くて、黙って聞き役に回っていました。それを、彼女は私が承知したと理解したのです。

数日後、彼女と私は雪が舞う支笏湖《しこつこ》の駐車場に止めた車のなかにいました。彼女の話をただ聞くだけであったがために、のっぴきならない状況に陥ったのです。

カーステレオから、彼女の好きな荘厳なクラシック曲が流れています。私は、用意してきた睡眠薬の瓶《びん》から錠剤を三〇錠ほど取り出し、コーラで胃のなかに流し込みました。ここまでくれば飲むしかない、と覚悟の服用でした。

助手席でじっと見ていた彼女も、私に続いて同じ分量の錠剤をコーラで飲み干しました。リクライニングを倒し、目を閉じました。彼女の目からは、幾筋もの涙が流れています。彼女が私の手を握ってきました。私も強く握り返しました。

しかし、三〇分経っても、体には何も起きませんでした。それもそのはず、私が用意してきた睡眠薬の正体は、ビタミン剤だったからです。

私は卑怯者でした。怖気づいて、瓶の中身を替えていたのです。彼女は目を開き、一言「帰りましょ」と言い放ちました。それから、札幌までの一時間半、彼女は一言も口をききませんでした。いつもの別れの交差点で車を停めると、彼女は降りてドアを閉める寸前に「最初から、全部わかっていたんだから」と私に向かって叫んだのです。
面目を失い、ただうなだれて車を発進させた私です。「それは違う」と言う勇気をなくし、聞き役に徹しすぎたために自業自得で招いた無様《ぶざま》な「恋の破局」でした。

外見に無頓着《むとんちゃく》ではいけない

人間の意欲は身だしなみに表われます。惰性《だせい》で生きている人間は、身だしなみに無頓着です。ベストセラー『人は見た目が9割』（竹内一郎《たけうちいちろう》・著）の書名通り、身だしなみが醜《みにく》いと、相手から無礼者との誹《そし》りを免《まぬか》れません。

何も、ブランド物を身につけろ、と言っているわけではありません。身なりがきちんと整って清潔であれば、それで十分です。相手を不愉快にさせる隙はないか、常に点検を怠《おこた》らないことが大事です。

知人の金融業者は、借り入れを申し込んでくる人間の信用度を測るのに、頭髪で判断するそうです。曰《いわ》く、洋服や靴はにわかづくりでいくらでも繕うことができるが、資金繰りで忙しくなってくると、美容院や床屋に行く時間も、精神的ゆとりもなくなる。口ではいくら余裕があるようなことを言っても、髪の手入れをする暇がない人間にろくなヤツはいないと判断し、融資を断わるそうです。

私は、警察官に不審尋問を受けることがあります。「不審尋問無用」のパスポートを首から下げて歩きたいほど頻繁に、です。「お役目ご苦労さま」と、鷹揚《おうよう》に構えていればいいのですが、前歴照会の結果、回答が返ってきた時の警察官の欣喜雀躍《きんきじやくやく》ぶりが、どうにも不快でなりません。

それまで外出時に被っていたニット帽を黒から白に変え、ズボンも極力折り目のついているものを穿《は》くようにしました。すると、めっきり不審尋問を受ける回数が少なくなったのです。見た目が改善されたせいです。

ある週末、晴海《はるみ》ふ頭《とう》公園の木陰にブルーシートを敷いて横になり、アンニュイな時間を過ごしていました。すると、上質な背広を着た二人の紳士が駆け寄ってきます。そのうちの一人が「旦那《だんな》さん、ご苦労さまです。大変ですね、どこか体で具合の悪いところはありませんか？　何かあったら、こちらに連絡してください」と名刺を差し出してきました。名刺には「品川区役所福祉課」とありました。私をホームレスだと誤解したのです。

「私は違うんですけど」と申し上げましたが、聞く耳を持たず「気にしないでください」とB.V.D.の下着と菓子パンの入った袋とジュースの缶を置き、立ち去って行きました。品川区役所の二人の顔には、不審尋問の警察官と同じ充実感が溢れていました。

ホームレスに間違われたのは、ブルーシートのせいです。ブルーシートに横たわっている私の姿を見て、二人の公務員は「ホームレス発見」と浮き足立ったのです。

人間の願望の最大のものは、他人に自分を認めてほしい・理解してほしい、ということですが、醜い身だしなみのせいで、その願いが露《つゆ》と消えてしまうことがあります。心しなければなりません。

相手を知らなくてはいけない

古来「彼を知り己《おのれ》を知れば百戦殆《あやう》からず」と言われてきました。相手がどのような人間か、を知ることが、良好な人間関係を築く第一歩です。

人間はさまざまな価値観を持っています。それらは生い立ち、学歴、仕事、体形、容姿、趣味などにおける優越感であったりコンプレックスであったりします。相手の触れてほしくない部分を不用意に触れると不興を買い、せっかくの信頼関係が崩れてしまうことがあります。特にデリケートな問題を含む政治や宗教の話題は慎《つつし》むべきです。〝地雷〟を踏んで、吹き飛ばされてはいけません。

また、相手の喜怒哀楽にも注意を払わなければなりません。その洞察を欠くと、何でもない一言で窮地に追い込まれることもあります。

「顔面シャワー」が世に出始めた頃のこと、まだAV女優という職業が確立されていない時代でもありました。金融会社を経営しておられる侠客《きようきやく》（いわゆる高利貸しにて「会長」と呼ばれておりました）の奥方《おくがた》が吉原《よしわら》ナンバーワンのソープ嬢とのことで、AVにご出演いただきました。しかし、顔面シャワーは未経験で、いたくご立腹され、現場から立ち去られたのです。

相手は、暴力（と金融）を稼業とする男の奥方です。このまま無事に済むとは考えられず、数日後、お詫びに菓子折りを持ってご挨拶にうかがいました。

すると意外にも、会長は上機嫌で応接してくださいました。私はほっとして、たまたまバッグに入れていた大ヒット中のハリウッド映画のビデオテープを取り出し、「会長、すばらしい作品です。感動して、目から〝真珠の涙〟が出ます」とプレゼントしました。会長は「本当か？　真珠の涙か」と格別の笑顔を見せました。その笑顔の意味を知ったのは、二日後の夜のことです。

事務所に電話がかかってきました。こんな夜遅くに何の用事かしら、と電話に出ると「監督、今、目の前にわざわざ京都から来ていただいた宝石鑑定士の先生がいるんだよ。これから、あんたからもらったビデオを観て涙を流そうと思うんだけど、本当に〝真珠の涙〟が出るんだな？　間違いないな？　嘘だったら許さないぜ」と会長のドスの利《き》いた声が聞こえてきました。

それから二時間半後、再び会長から電話がかかり「てめえ、だましやがったな。宝石鑑定士の先生は『涙はただの水です』って言ってるぞ。若い衆を行かせるから待ってろ！」と一方的に切れました。完全な言いがかりです。

会長は奥方から報告を受け、どう落とし前をつけさせようかと思案していたところ、私が不用意に放った「〝真珠の涙〟が出ます」を捉《とら》えたのです。まさに、鴨《かも》が葱《ねぎ》を背負ってきたわけです。その後、若い衆が事務所を急襲、一一〇番をする大騒動となりました。

相手を知らずにうっかり口を滑《すべ》らせると、とんでもない事態を引き起こすことを経験したのです。

商品情報を語ってはいけない

営業マンが持たなければならない商品知識とは、どのようなものでしょうか。

一般的には、取り扱う商品の機能や特徴についての知識と思われがちですが、私はそうは考えません。情報化時代の現代にあっては、そのような商品情報は営業マンに頼らずとも、お客さまがスマホを片手に検索すればいくらでも入手できるからです。

私が考える商品情報とは、その商品を購入したらどのような楽しみや満足感を得られるかをお客さまに想像させる情報のことです。ですから、営業マンには、お客さまがその商品を購入することで得るメリットを説明する能力が求められます。

営業とは、モノ（ハードウエア）を売るのではなく、お客さまが必要としている情報（ソフトウエア）を提供する仕事なのです。

英語の百科事典のセールスマン時代、私がトップの成績を上げることができたのも、

「英語の実力を身につけることで築くことができる明るい未来」を徹底してお客さまにご紹介したからでした。

同僚には、一流国立大学や有名私立大学を卒業したネイティブ顔負けの英語力を持つ者が沢山いました。しかし、彼らはなまじ英語力があるせいで、「単語の覚え方や文法の学び方の紹介をすること」に注力していました。

しかし、お客さまは、そうした英語を学ぶノウハウは学生時代に食傷《しょくしょう》していました。今さら、学習テクニックを熱く語っても興味を示すことはなかったのです。

私は、英会話の学び方についてはいっさい話しませんでした。そこで勝負すれば、高卒の私のレベルでは立ち行かなくなることを知っていたからです。私は、お客さまが英語の実力を身につけることで、いかに明るい未来を築けるかの説明に徹しました。英語で啖呵を切ることができる実力を身につけることで、どれほど企業戦士としての将来が有望となるか、を語ったのです。

また、日常生活でも、洋楽や洋画を、目を閉じて日本語と同じように理解できる能力を身につけることで、どれほど世界が輝いて見えてくるかについて話しました。

人間は可能性に挑戦する生き物です。鳥のように自由に空を飛んでみたい、との希望が飛行機を誕生させました。ネイティブな英語を駆使する夢の未来を描いてみせることで、新しい希望の世界へ飛翔するお客さまの姿を目撃できたことは、営業マン冥利に尽きることでした。

時代より早すぎてはいけない

営業マンに限らず、あらゆる職業人にとって、時代を知ることはとても重要です。時代によって需要は変化し、作り出されるものだからです。時代の流れを読み間違い、致命的なダメージを受け、倒産の事態を招いたことがあります。二五年ほど前の衛星放送事業でのことです。

総合商社・三菱商事が衛星放送事業を立ち上げました。新しい映像時代の幕開けです。このビジネスチャンスに、孫正義《そんまさよし》氏や映画会社がアダルトチャンネルへの参入を計画しているという噂が立ちました。

しかし、それらライバルを差し置いて、私の経営するダイヤモンド映像に白羽の矢が立ったのです。ある日突然、何の前触れもなく、三菱商事の役員の訪問を受け、「是非、御社に日本初のアダルトチャンネルに参加してほしい」とのお誘いを受けたのです。

これまでのようにレンタルビデオ店で人目を気にしながらAVを借りることなく、自宅で思う存分に楽しめる機会を提供できるのですから、またとないビジネスチャンスです。早速参入を決めました。

しかし、いざ衛星放送事業をスタートさせると、難題が待ち構えていました。ひとつは、独自の基地局を持つこと。これは、神奈川県川崎《かわさき》市にある某宗教団体が持つ衛星放送の基地局を一九億円で譲り受けることでクリアしました。

もうひとつの課題は、市販されていた衛星放送の受信機が五〇万円と高価だったことです。そこで、台湾のメーカーに二〇万円で販売できるオリジナル受信機を大量発注したのです。しかし、これらが不良品続きで返品の山となりました。

加えて月額二億五〇〇〇万円という電波使用料が経営を圧迫し、あえなく一年も経たないうちに五〇億円の負債を抱え、「空からスケベが降ってくる」と謳《うた》った夢の事業は倒産のやむなきに至りました。

それから一年後、法律が改正され、自前の基地局を持つことなく他社に委託しても衛星放送事業を始めることができるようになり、電波使用料も八〇〇万円と、それまでの三十分の一に減額されました。さらに、一〇万円を切る国産の受信機も売り出されました。結果、七社ほどのアダルトチャンネルがスタートし、それらの企業は、年間一〇億円以上の利益を上げる成功を手に入れたのです。

時代に先駆けようとして、早すぎたための失敗でした。あと二年、あせることなく様子を見ていたら、他社のように莫大な利益を上げ、この二〇年間で少なくとも二〇〇億円を手に入れていたでしょう。

そして今日、かつて数兆円かけても不可能であった映像を無料で世界に届けることができるSNSの時代を迎え、年商二〇〇〇億円を誇るDMMが誕生しています。

信用しすぎてはいけない

すこし前の出来事です。知人の紹介で突然四十代の女性社長が訪ねてくると、「女性目線のAVイベントを開催してAVへの偏見を一掃したい。つきましてはご協力を」と申し入れてきました。熱い眼差《まなざ》しで、私を見つめています。ちなみに、彼女はメタボ体形で、顔は元横綱・朝青龍《あさしょうりゅう》関に瓜《うり》二つでした。

そうしたハンディをものともせずに、忠実な若い男性二人——三十代の副社長と二十代の社長秘書——を従えて、使命感に燃えている彼女に、心を動かされました。自分が協力しなければ、と男気《おとこぎ》を出したのです。知り合いのAVメーカーに協力を呼びかけ、イベントに参加することにしました。

開催四日前、彼女は電話をかけてきて「せっかく借りた国際会議場の二日間の使用料八〇〇〇万円を明日までに支払わなければ、会場を使うことができなくなる」と涙声で言うのです。「死にたい」とまで口走りました。

「死にたい」とまで言われて、無視を決め込んでは男がすたります。あいにく手元不如意《ふにょい》でしたので、友人から借用して八〇〇〇万円を翌日、彼女の指定する銀行口座に振り込みました。

イベントは無事開催されましたが、終了後、彼女は入場料や企業の協賛金など、億単位の金を持って姿をくらましたのです。

彼女の事務所に行ってみると、事務机をトラックに積み込んでいた社員が「社長から連絡があり、会社は倒産したので、社内の備品を整理するようにと指示があった」と言います。さらには、彼女と副社長と社長秘書の三人は同じ家で同棲生活を送っていたことを知らされました。

これまで七〇〇〇人の女性を視姦し、女性の何たるかを知ったつもりになっていた己の不明を恥じました。女性を見抜くことが仕事なのに、「AVへの偏見を一掃したい」との言葉でフィルターがかかり、冷静な判断能力を失って、詐欺師の餌食《えじき》になったのです。

八〇〇〇万円を二つ返事で貸してくれた友人には、返済を猶予してもらうことをお願いしました。人の好い友人でしたが、さすがに「しばらくの間、顔を見せないでほしい」と言われました。そればかりか、業界内で一時、手前どもが女詐欺師の片棒を担《かつ》いだのではないかとの噂が立ち、散々な目に遭いました。

女性だから人をだますことはない、と買《か》い被《かぶ》ったことが失敗の原因でした。私は、人間の信用よりお金が一番、という守銭奴《しゆせんど》の種族が生息していることを知らない未熟者でした。

信用は毎日コツコツと、すべき努力を積み重ねていれば、そう簡単には失うことがありません。しかし、身のほど知らずにも、他人のために金を借りてあげるという守備範囲以上のことに手を出したために、命の次に大事な信用を失ったのです。

終章　自分を識《し》る

人を動かすもの

ここまで、いかに相手を説得するかを述べてまいりましたが、私が伝えたいのは技術だけではありません。本当の意味での、相手を動かす力です。では、相手を動かす原動力となるものは何か。

それは「情熱」です。たとえば、恋愛で決定的な力となるのは、学歴や容姿や家柄を凌《しの》いで、情熱です。私たちは、立派なキャリアを持ち裕福な家庭に育った美しいお嬢さまが、うだつの上がらないフリーター男性とカップルになっている姿をよく目撃します。男性の側がハンディをものともせず、捨て身の情熱で女性に当たった結果、彼女の心を捉えたのです。

情熱は「打算」を打ち砕く力を持っているのです。営業マンがお客さまに商品をすすめ、ご購入いただくためには、一にも二にも情熱的であることです。

人間社会で、不可能を可能にするのは情熱の力です。情熱こそ、すべての成功の源泉です。それゆえ、人間は情熱的な人間を尊敬し、愛してやまないのです。恋愛に限らず、ビジネスやスポーツ、学問の世界でも、事《こと》を成そうとするならば、情熱に勝るものはないと考えてください。

私は英語の百科事典のセールスマン時代、お客さまが「わかった」と首を縦に振るまでは、四時間でも五時間でも話し続けることができました。内《うち》に秘めた情熱が、汲《く》めども尽きぬ泉のごとく言葉を溢れさせたのです。

情熱さえあれば、手に入れたいものは、この世にあるものなら何でも手に入れることができます。手に入れるまで情熱を燃やし続け、あきらめることを知らないから、手に入れられないわけがありません。では、情熱はどのようにして持つことができるでしょうか。

それは、目的を持つことです。将来は、こんな自分でありたいという「希望」、あんな豊かな生活をしたいという「夢」を心のなかに描いて、それを達成する目的を持つのです。その目的を実現するために一歩でも二歩でも前に進む前向きな気持ちがあれば、情熱は自然に湧いてきます。

人間は、誰でもプライドの炎を燃やして生きています。失敗しても、これしきのことで挫《くじ》けてたまるか、という執念の薪《まき》を焼《く》べて、情熱はさらに燃え上がるのです。

今や年商七〇兆円を誇り、世界一の小売業となった中国のＥＣサイト「アリババ」の創業者ジャック・マーは「持続する情熱だけがビジネスになる」と語っています。

よく「監督は逆境に強い男ですね」と過分な言葉をいただきます。〝前科七犯（国内六犯＋国外一犯）〟の身で五〇億円の負債を抱え、自己破産することなく、借金を完済して今日に至っている過去が、そうした評価につながっているようです。

しかし、実際の私は、「逆境に強い」などとはほど遠い人間です。ただ、それが許されない状況にあったために踏ん張ることができただけ、です。もし、私が借金を背負って雲隠れをしても、借金の保証人になった友人とその妻と幼子《おさなご》が安泰だったなら、きっと逃亡の道を選び、「卑怯者」になっていたでしょう。

私が逃げてしまえば、保証人になってくれた友人の家族が一家心中しかねない状況にあったから、逃げるわけにはいかず、借金返済の道を選んだのです。「恩人の家族を一家心中させた男」という汚名を着るわけにはいかない、その意地が情熱を燃やさせ、がむしゃらにがんばることができたのです。

妻の浮気

私は若くして結婚し（二一歳）、女の子と男の子の二人の子どもを授かりました。しかし、二五歳の時に離婚しています。理由は妻の浮気です。私の留守中、妻が浮気相手を家に招き入れ同衾《どうきん》している現場を、母親が目撃したのです。

そのことを知らされた時、「自分の妻に限って」と信じられませんでした。私の母親は、父が出征していた一年半、女児二人を女手ひとつで立派に育て上げました。女性とは、そうした強固な貞操観念を持っているものと思い込んでいたからです。

しかし、妻が事実を認めるに至り、それは現実のものとなりました。離婚して、三歳の娘は妻が、一歳の息子を私が引き取って育てることになりましたが、生涯拭うことのできない罪を負いました。血のつながった幼い姉と弟を引き離したのですから。その無慈悲を思うと、今でも眠れなくなります。

最愛の妻に浮気されたことで、私は怒りと屈辱、悲しみとあきらめの感情に支配され、男としての自信を完全に喪失しました。役立たずな男、との烙印《らくいん》を押されたダメージは、容易に回復しませんでした。女性を見るだけで苦痛な時期が一年以上も続き、「二度とこんな思いをしたくない、いっそ男性自身を切り落としたい」とまで思い詰めました。

この絶望的な状況から、私を立ち上がらせたのは「女房を寝取られた男」という腸《はらわた》が煮えくり返るほどの屈辱への復讐心です。「今に見ていろ、一度寝たら生涯忘れられないセックスのできる男になってやる」と、心の内に闘争心がよみがえったのです。

私は、目的を実現して精力絶倫となった自分の姿を思い浮かべました。想像力は、人間に与えられた最大の武器です。自分がマッチョになった姿を想像すると、「やってやる」とやる気が全身に漲《みなぎ》るのを覚えました。

一〇年後、巡り合ったエロ事師の仕事で、誰も到達できなかったレベルのセックスパフォーマンスを見せることができました。間男《まおとこ》をされて妻を寝取られた悪夢の経験が、「AVの帝王」と言われる人間に私を変身させたのです。間男をされた、巨額の負債を抱えて倒産をした過去がなければ、今日の私はありません。

人間は、逆境に陥っても、「今に見ていろ」との情熱を燃やして這《は》い上がる不屈の精神を持っています。そうした強靭《きょうじん》な生命力は、私たちの誕生に由来しています。

成人男性が一回に射精する約一・二ccの精液には、一億以上の精子が含まれています。

そして、生涯放出する精液の量は何と数十リットル！　そのなかから私たちが誕生したのは奇跡のような運と、数兆の兄弟たちのなかで、もっとも生命力に恵まれていたからに他なりません。

私たちは生まれながらにして、一〇億円の宝くじの当選どころではない、天文学的確率で選ばれたエリートなのです。私たちの父も母も、その祖父母も、ずっと前の石器時代の祖先も、天文学的確率でこの世に生まれてきた、言わば「奇跡をつなぐ人」なのです。

人類の祖先は、これまでの長い歴史で、出口の見えない漆黒《しっこく》の闇のなかを這いずり回りながら、ようやく生命《いのち》のバトンをつないできたことが幾度もありました。なぜ、人類は幾多の天変地異、疫病《えきびょう》、飢餓などを克服して、今日まで生き抜くことができたのでしょうか。

それは、倒れれば倒れるほど強くなるＤＮＡが、歴史を刻むなかで、人間の心の内に自然と涵養《かんよう》されたからです。そして、この精神が防波堤となって、人間は自暴自棄の愚かな道を歩むことから免れたのです。

恥多き人生で知った、本当の恥

四〇年ほど前、北海道で、発売されたばかりのVHS方式のビデオカメラとビデオレコーダーのセットのセールスをしていた時のことです。

当時、ビデオソフトはまったく存在していません。ビデオレコーダーを購入してもらうには、一緒に録画用カメラも購入してもらわねばなりません。セットの値段は八〇万円（現在の貨幣価値で約一五〇万円）。その高価なセットを、飛び込み営業で販売していました。

ビデオカメラとビデオレコーダーの重さは、バッテリーを入れると約二〇キログラム。それにモニター用カラーテレビと一〇〇ボルト用変換機を入れると、優に三〇キログラムを超えます。とても、一人で持ち歩くことはできません。

そこで、乳母車を買って、そのなかにビデオカメラとビデオレコーダーその他を入れ、歩きました。朝から吹雪が吹きすさぶ日でした。乳母車を押して国道を歩いていると、凍《こお》った路面に足を取られ、三メートル下の畑まで乳母車ごと転がり落ちたのです。顔面から倒れ込み、雪に埋もれました。

それまで朝から三時間近く、寒さに凍《こご》えながら歩き続けていました。体力と気力の限界でした。雪のなかに顔を突っ込んでいると、涙が出てきました。自分の無様な姿が哀《あわ》れでなりません。

しかし、次の瞬間、体は自然と起き上がっていました。乳母車の「中身」が気になったからです。幸い、乳母車は横転しただけで、商売道具は無事でした。雪のなかから、這いつくばるようにして、乳母車を国道の路肩《ろかた》に担ぎ上げました。

遠くに街の灯りが見えます。とりあえず、あの場所まで辿り着くことだけを考え、吹雪のなか、乳母車を押して歩き始めました。気がつくと、小さな声で歌を歌っていました。人間は追いつめられた状況になると、自然と歌を口ずさむものなのです。

歩きながら、先ほど起こったことを思い起こしていました。すこしもヤケにならずに、すぐに立ち上がった自分を褒めてやりたい気持ちになりました。それは、目の前で両手をパチンと叩かれると瞬時に目を閉じる条件反射にも似た、鮮やかな立《た》ち居《い》振る舞いでした。

その時、天啓《てんけい》のごとく閃《ひらめ》いたのです。「そうだ、転んでもさっきのようにすぐ起き上がればいいんだ。転ぶことなどなんでもない」と。それは、至極《しごく》単純なことでした。この「転んだら何度でも起き上がればいい」という〝起き上がり小法師《こぼし》〟精神が、その後の人生の核となりました。

人生を台無しにするのは「運」ではありません。人間自身です。失敗の前に横綱などいません。人は誰でも失敗の前では序二段、序の口、の初心者なのです。

なのに、その失敗をくよくよと後悔して、意気地なしや臆病者になることを「失敗」と言うのです。失敗して転ぶことよりも、赤ん坊のように駄々《だだ》をこねて起き上がらないことこそ「恥」と知るべきです。

死の宣告を受けて

五年前、突然病《やまい》に倒れ、一週間以内に一〇〇パーセント死亡する、との宣告を受けました。幸いにして、世界的名医との出会いがあり、助かることができました。名医は、次のように話してくれました。

「私は、これまで多くの患者さんの臨終に立ち会ってきました。しかし、それらの患者さ

 んの誰一人として『もう駄目だ』と失意のうちに、あの世に旅立った方はいません。患者さんたちは、最後の最後まで絶望することなく『いつか必ず良くなって元気だったあの頃に戻れるに違いない』と歯を食いしばって、苦しみに耐えながら希望のうちにあの世に旅立っていかれます。

こうした経験から、私はどんな患者さんにも余命を告げることはけっしてしません。神ならぬ身で、患者さんに余命を告げて奈落の底に突き落とし、失意のうちに旅立たせる、そんなひどい仕打ちをする医者には、患者を診《み》る資格はないと考えるからです。

また、最後まであきらめない精神で病気と闘い、細胞を活性化させ、現代の医学では説明できない、信じられないような回復を見せた患者さんも沢山いました。このことから、余命宣告など医者の傲慢《ごうまん》と自己正当化にすぎないと考えるに至ったのです」

あなたへの質問

あなたに、ご質問があります。

ここまで、私が歩んできた逆境の日々をお示ししてきましたが、あなたはこれからどう生きるのですか、どのようにして人生の勝者になるおつもりですか。私は、その答えをこれまでの仕事を通じて摑み取ってきました。

英語の百科事典のセールスマン時代、購入していただいた下町の工場に勤める二〇歳の職人さんから、一年後に次のような手紙をいただいたことがあります。

「私は中学を卒業してから職人になり、学歴コンプレックスを抱いていましたが、あなたのすすめで英語の勉強をしているうちに、同年代の大学生と同程度以上の英語を話す能力を身につけることができました。

そして、元請《もとうけ》会社から英語力を認められ、アメリカへ一年間、教育実習留学に行くことが決まりました。中卒の自分にこんな機会がやって来るとは夢にも思いませんでした。これも、あなたが英語を勉強する機会を与えてくださったおかげです。心から感謝します」

この手紙を受け取り、自分の仕事がお客さまの役に立っていることが実感できたのです。その夜は興奮して眠れませんでした。

ダイヤモンド映像時代、外注スタッフの一人が末期の肝臓癌で入院しました。しばらくして闘病の甲斐なく、逝《ゆ》きました。まだ三十代の若さでした。

彼とは面識がありませんでしたが、外注先の社長が「ヤツは監督の作品のファンでした。激痛に耐えながら、ベッドの枕元で監督の作品を観ながら『面白いな、面白いな』と涙を浮かべて喜んでいました」と教えてくれたのです。AV監督になってよかった、と心から思いました。

神田《かんだ》の古書店街を歩いていた時です。うしろから肩を叩かれました。振り向くと、頭を丸めて袈裟《けさ》をかけた、まだ三十代と見受けられるお坊さんが立っていました。

「突然のご無礼、お許しください。村西監督ですね。私は若い頃、自分の体の奥から突き上げてくる、コントロール不可能で強烈な性欲に振り回され、悩みました。いくら自制しようとも抑えることができない、狂暴で恥知らずで底なしの自分の性欲の忌《い》まわしさに苦しんだのです。

そこで自分を罰するために出家しました。しかし、それからしばらくして監督の書かれた本と出会い、作品を観る機会がありました。その結果、性とはかくのごとく楽しむことが許されるものであることをはじめて学んだのです。

それまでとらわれていた『性とは悍《おぞ》ましいもの』という呪縛から解き放たれました。いずれ近いうちに、出家の生活から俗世に戻り、一般社会人としての生活をスタートさせるつもりです。ありがとうございました」と深々と頭を下げ、去って行かれたのです。

私は彼を見送りながら、AVという仕事は紛《まぎ》れもなく自分の天職であることに思い至ったのです。

私が辿《たど》り着いた結論

前章でも引用した「彼を知り己を知れば百戦殆からず」。このうち、彼（敵）の存在は状況によって変わります。では、己（自分）とは何か。その、あからさまな姿を知らないでは、闘いに勝つことなど覚束《おぼつか》ないでしょう。

自分が何者であるかを知るために、世界のはてまで自分探しの旅に出たり、家に引き籠《こも》って万巻《ばんかん》の書に埋もれて沈思黙考したりしても、答えを出すことなどできません。

なぜなら、自分が何者であるかは自分が決めることではないからです。他人が自分をどう思うか・思われるかで、自分が何者であるかを判断できるのです。社会における自分の有用性が、自分を知る判断基準となります。

自分を知るもっとも効果的な方法は、仕事を通じて社会生活のなかで自分の存在の意味を知ることです。自分の仕事が、社会や会社や他人の役に立っていることを知れば、自分の価値がそこで明確になります。

鏡の前で座禅を組んでジッと自分とにらめっこしていたのでは、自分を知ることも、その本性を見つめることもできずに、存在の意味さえ見失いかねません。人間は社会的な生き物です。人間社会とのかかわりあいのなかでしか、自分を知り、自分の生きる道を見出すことができないのです。

そして、人間は仕事の困難に遭遇して、はじめて自分の正体を知ることになります。追い詰められて崖っぷちに立つと、自分がいかに臆病で、怠《なま》け者で、嘘つきで、計算高く、チャランポランで、根気がなく、能力に欠けているか——といった、どうしようもない実相を曝《さら》け出すからです。そのあからさまな、言うならば裸《はだか》の自分を受け止めること、これこそが「自分を識《し》る」ことなのです。

この世にあるどんな仕事でも、社会にとって必要であるがゆえに存在しています。この世にある仕事のどれもが、誰がどう思おうとも、無駄なものはひとつもありません。私たちは、自分の選んだ仕事を通じて生涯、社会を学び、人間を知り、自分自身を哲学し、人生を探求します。言わば、仕事とは生きることの意味を探り当てる手段となるものです。

仕事のやり甲斐はかけがえのない喜びをもたらしてくれます。自分の仕事によってお客さまや仕事仲間や家族が喜ぶ様《さま》を見ることは、自分の命と引き換えても惜しくないほど無上のものです。

仕事の満足は、世間的名声・評価とは無縁なものですし、仕事によってもたらされる充実感にラベルやレッテルを貼って差別することはできません。なぜなら、お客さまの満足や仕事仲間の笑顔や熱い眼差しには違いがないからです。自分にとっての喜び、そして納得できる心の満足こそ、もっとも大切なことです。

本書の紙幅も残り少なくなりました。最後に、私からあなたにお伝えしたいことがあります。私たちが求めるべき究極の幸せとはいかなるものでしょうか。

それは、けっして物質的な豊かさによってもたらされる幸せではない、と私は考えます。不幸に遭わないことや挫折しないこと、失望しないことでもありません。どんな逆境にあっても、今の試練は明日の喜びのためにある、と思える心です。失敗しないことではなく、いかなる不幸にあってもめげることない不屈の心を手に入れることです。

こうした心構えは、私たちを幸福にしてくれます。すべての苦難は自分の糧《かて》になる宝、との考えに勝《まさ》る幸福はないからです。失敗を収穫と思える意志と気概を持てたなら、これ以上の幸福が他にあるでしょうか。

私の大好きな言葉をお贈りします。孔子《こうし》の「最大の名誉はけっして倒れないことではない。倒れるたびに起き上がることである」です。この言葉を胸に刻んで、自らを鼓舞《こぶ》し、颯爽《さつそう》と人生の困難に立ち向かうあなたといつかどこかできっと出会えることを信じて、筆を擱《お》きます。

切りとり線

★読者のみなさまにお願い

この本をお読みになって、どんな感想をお持ちでしょうか。祥伝社のホームページから書評をお送りいただけたら、ありがたく存じます。今後の企画の参考にさせていただきます。また、次ページの原稿用紙を切り取り、左記まで郵送していただいても結構です。

お寄せいただいた書評は、ご了解のうえ新聞・雑誌などを通じて紹介させていただくこともあります。採用の場合は、特製図書カードを差しあげます。

なお、ご記入いただいたお名前、ご住所、ご連絡先等は、書評紹介の事前了解、謝礼のお届け以外の目的で利用することはありません。また、それらの情報を6カ月を越えて保管することもありません。

〒101-8701（お手紙は郵便番号だけで届きます）
祥伝社　新書編集部
電話03（3265）2310
祥伝社ブックレビュー　www.shodensha.co.jp/bookreview

★本書の購買動機（媒体名、あるいは○をつけてください）

＿＿＿新聞の広告を見て	＿＿＿誌の広告を見て	＿＿＿の書評を見て	＿＿＿の Web を見て	書店で見かけて	知人のすすめで

★100字書評……禁断の説得術　応酬話法

名前
住所
年齢
職業

村西とおる　むらにし・とおる

本名・草野博美、職業・AV監督。1948年、福島県生まれ。高校卒業後に上京、バー「どん底」勤務。グロリア・インターナショナル日本支社に転職し、英語の百科事典のトップセールスマンとなる。1980年、ビニール本・裏本の制作販売に転じ、北大神田書店グループ会長に就任するが、猥褻図画販売目的所持で逮捕、全財産を失う。AV業界に進出して、1988年にダイヤモンド映像を設立、最盛期の年商は100億円。1992年、衛星放送事業の投資に失敗、負債総額50億円で倒産する。各種ビジネスを経て借金を完済。2019年、自身がモデルとなったNetflixのドラマ「全裸監督」が大ヒット。2021年、同「全裸監督2」配信。著書に『人生、死んでしまいたいときには下を見ろ、俺がいる。』『裸の資本論』など。

禁断《きんだん》の説得術《せつとくじゅつ》　応酬話法《おうしゅうわほう》
――「ノー」と言《い》わせないテクニック

村西《むらにし》とおる

2018年3月10日　初版第1刷発行
2023年3月15日　　　第6刷発行

発行者……………辻 浩明
発行所……………祥伝社しょうでんしゃ
〒101-8701　東京都千代田区神田神保町3-3
電話　03(3265)2081(販売部)
電話　03(3265)2310(編集部)
電話　03(3265)3622(業務部)
ホームページ　www.shodensha.co.jp

装丁者……………盛川和洋
印刷所……………萩原印刷
製本所……………ナショナル製本

Printed in Japan　ISBN978-4-396-11531-9　C0230